TITRE PROFESSIONNEL

SECRÉTAIRE COMPTABLE

Le livre de révision complet

500 questions-réponses et 13 fiches de révision essentielles

Les 3 blocs de compétences — RNCP37123

NEO STRATEGIE

Édition : BoD · Books on Demand, 31 avenue Saint-Rémy, 57600 Forbach, bod@bod.fr
Impression : Libri Plureos GmbH, Friedensallee 273, 22763 Hambourg (Allemagne)

ISBN : 978-2-3228-3679-6

Dépôt légal : Juillet 2026

Comment utiliser ce livre

Cet ouvrage a été conçu comme un outil de révision intensive du titre professionnel de secrétaire comptable, dans sa configuration issue de l'arrêté du 28 septembre 2022, entré en vigueur le 1er mars 2023 et enregistré au Répertoire national des certifications professionnelles sous le numéro RNCP37123.

Il est organisé en cinq parties. La première traite du cadre réglementaire du titre et du déroulement de la session d'examen. Les trois suivantes couvrent intégralement les trois blocs de compétences : les travaux administratifs de secrétariat au quotidien, les opérations comptables au quotidien, puis la préparation des opérations comptables périodiques. La cinquième rassemble treize fiches de synthèse destinées à la révision finale.

Les cinq cents questions sont numérotées en continu, de Q1 à Q500. Chaque réponse tient en quatre à cinq lignes : elle est suffisamment développée pour être comprise, suffisamment brève pour être mémorisée. Les questions sont classées par bloc et par chapitre, de sorte que la révision puisse être menée bloc par bloc, en cohérence avec la logique de certification par CCP.

La méthode la plus efficace consiste à masquer la réponse, à formuler la sienne à voix haute, puis à comparer. Cette restitution active ancre durablement les connaissances, là où la simple relecture donne une illusion de maîtrise. Une seconde lecture, quelques jours plus tard, puis une troisième à une semaine d'intervalle, suffisent généralement à fixer l'essentiel.

Les fiches de la partie V ne remplacent pas les questions : elles condensent, sous forme de listes et de tableaux mentaux, les repères qu'il faut pouvoir mobiliser instantanément le jour de l'épreuve — les durées de conservation, les taux de TVA, les schémas d'écritures, les échéances déclaratives et le vocabulaire indispensable.

Enfin, la réglementation comptable, fiscale et sociale évolue chaque année. Les montants, les taux et les seuils mentionnés dans cet ouvrage doivent être vérifiés à la date de la session sur les sources officielles : Légifrance, le bulletin officiel des finances publiques, le site de l'URSSAF, net-entreprises.fr et travail-emploi.gouv.fr, où sont publiés le référentiel emploi, activités et compétences et le référentiel d'évaluation du titre.

Sommaire

Partie I — Le cadre réglementaire et l'examen

Chapitre 1 — Le titre professionnel Secrétaire comptable

Q1. Quel arrêté régit actuellement le titre professionnel de secrétaire comptable ?

Il s'agit de l'arrêté du 28 septembre 2022 relatif au titre professionnel de secrétaire comptable, portant le numéro NOR MTRD2227177A. Il a été publié au Journal officiel le 13 octobre 2022 et est entré en vigueur le 1er mars 2023. Il abroge la configuration issue de l'arrêté du 27 octobre 2017 et redéfinit entièrement le titre autour de trois blocs de compétences au lieu de quatre.

Q2. Quel est le numéro de fiche RNCP du titre professionnel Secrétaire comptable ?

Le titre est enregistré au Répertoire national des certifications professionnelles sous le numéro RNCP37123. La fiche a été publiée le 5 décembre 2022 et son état est « Active ». Le certificateur unique est le ministère chargé du travail. Ce numéro doit obligatoirement figurer sur tous les supports commerciaux des organismes de formation qui préparent au titre, ainsi que dans les catalogues de financement public.

Q3. Jusqu'à quelle date le titre est-il enregistré au RNCP ?

La date d'échéance de l'enregistrement est fixée au 1er mars 2028, pour une durée de cinq ans à compter de la date de début des parcours certifiants, le 1er mars 2023. Passé ce terme, le titre doit faire l'objet d'un réexamen par la commission professionnelle consultative compétente, qui peut conduire à une reconduction, à une révision des blocs ou à une suppression.

Q4. Quel est le niveau de qualification du titre professionnel Secrétaire comptable ?

Le titre est classé au niveau 4 du cadre national des certifications professionnelles institué par le décret n° 2019-14 du 8 janvier 2019. Ce niveau correspond au baccalauréat, au baccalauréat professionnel et au brevet professionnel. Il atteste d'une capacité à travailler de façon autonome dans un cadre défini, à traiter des informations complexes et à rendre compte des résultats obtenus.

Q5. Quels sont les codes de classement du titre ?

Le code NSF (nomenclature des spécialités de formation) est 324t, correspondant à la saisie, la mise en forme et la communication des données. Le Formacode est 35049, intitulé « secrétariat assistanat comptabilité ». Le code ROME de rattachement historique est M1608. Le code titre interne au ministère du travail est TP-00402, utile pour retrouver les référentiels sur le site travail-emploi.gouv.fr.

Q6. Quels sont les trois blocs de compétences du titre depuis 2023 ?

Le titre est constitué de trois blocs. Le premier consiste à assurer les travaux administratifs de secrétariat au quotidien. Le deuxième consiste à assurer les opérations comptables au quotidien. Le troisième consiste à préparer les opérations comptables périodiques. Chaque bloc est sanctionné par un certificat de compétences professionnelles distinct, capitalisable indépendamment des autres et valable sans limitation de durée.

Q7. Qu'est-ce qu'un certificat de compétences professionnelles ?

Le CCP est le titre partiel délivré au candidat qui valide un bloc de compétences sans obtenir la totalité du titre. Il est délivré par le jury, capitalisable et acquis définitivement. Le candidat qui possède les trois CCP du titre peut se présenter à un entretien final devant le jury afin d'obtenir le titre professionnel complet, sans avoir à repasser les épreuves déjà validées.

Q8. Quel texte fixe les modalités de délivrance et d'évaluation du titre ?

C'est l'arrêté du 22 décembre 2015 modifié relatif aux conditions de délivrance du titre professionnel du ministère chargé de l'emploi. Ce texte transversal s'applique à tous les titres professionnels. Il définit la composition et le rôle du jury, la structure de la session d'examen, les épreuves de synthèse, le dossier professionnel, les évaluations en cours de formation et les règles de délivrance des CCP.

Q9. Quelle est la base légale du titre professionnel dans le code de l'éducation ?

Les articles L. 335-5 et R. 338-1 et suivants du code de l'éducation constituent le socle. L'article L. 335-5 ouvre l'accès aux certifications par la validation des acquis de l'expérience. Les articles R. 338-1 et suivants organisent le titre professionnel délivré par le ministre chargé de l'emploi, sa structuration en blocs et les conditions de son enregistrement au répertoire national.

Q10. Quels articles du code du travail fondent l'architecture en blocs de compétences ?

Les articles L. 6113-1, L. 6113-3 et L. 6113-5 du code du travail. L'article L. 6113-1 définit la certification professionnelle comme constituée de blocs de compétences, ensembles homogènes et cohérents de compétences contribuant à l'exercice autonome d'une activité. Les articles suivants fixent les conditions d'enregistrement au RNCP et le rôle de France compétences dans la régulation du système.

Q11. Quel décret a institué le cadre national des certifications professionnelles ?

Le décret n° 2019-14 du 8 janvier 2019. Il substitue à l'ancienne nomenclature de 1969, qui utilisait les niveaux V à I, une nouvelle échelle à huit niveaux numérotés de 1 à 8, alignée sur le cadre européen des certifications. Le niveau IV de l'ancienne nomenclature devient ainsi le niveau 4, celui du titre de secrétaire comptable.

Q12. Quel décret a institué les commissions professionnelles consultatives ?

Le décret n° 2019-958 du 13 septembre 2019. Il institue les commissions professionnelles consultatives chargées d'examiner les projets de création, de révision ou de suppression des diplômes et titres à finalité professionnelle délivrés au nom de l'État. La CPC compétente rend un avis préalable obligatoire avant tout arrêté portant révision d'un titre professionnel comme celui de secrétaire comptable.

Q13. Quelle est l'histoire réglementaire du titre depuis sa création ?

Le titre naît avec l'arrêté du 22 décembre 2003. Il est prorogé par l'arrêté du 20 décembre 2007 pour cinq ans à compter du 1er mars 2008. Il est révisé par les arrêtés des 10 et 24 septembre 2012, puis par l'arrêté du 27 octobre 2017 qui le structure en quatre blocs. L'arrêté du 28 septembre 2022 opère la refonte actuelle en trois blocs.

Q14. Quelles correspondances existent entre les CCP de 2017 et ceux de 2022 ?

Le CCP « Assister une équipe dans la communication des informations et l'organisation des activités » correspond à « Assurer les travaux administratifs de secrétariat au quotidien ». Le CCP « Assurer les travaux courants de comptabilité » correspond à « Assurer les opérations comptables au quotidien ». Le CCP « Traiter les opérations administratives liées à la gestion commerciale et aux ressources humaines » et celui portant sur la paie n'ont pas de correspondance.

Q15. Quel bloc de 2022 n'a aucune correspondance avec l'ancien référentiel ?

Le bloc 3, « Préparer les opérations comptables périodiques », est un bloc nouveau sans équivalent direct dans le référentiel de 2017. Un titulaire d'anciens CCP doit donc obligatoirement passer l'épreuve correspondante s'il souhaite obtenir le titre complet dans sa version actuelle. Cette règle figure au tableau de correspondance annexé à l'arrêté du 28 septembre 2022.

Q16. Que prévoit l'ordonnance du 19 septembre 1945 pour le secrétaire comptable ?

L'article 20, alinéa 2, de l'ordonnance n° 45-2138 du 19 septembre 1945 interdit la tenue de comptabilité en qualité de profession indépendante à toute personne non inscrite à l'ordre des experts-comptables, sous peine de poursuites pénales pour exercice illégal. Le secrétaire comptable ne peut donc exercer ses compétences comptables que dans le cadre du salariat ou du statut de conjoint collaborateur.

Q17. Le secrétaire comptable peut-il ouvrir un cabinet de tenue de comptes ?

Non. Proposer à des tiers, contre rémunération et à titre indépendant, la tenue, la centralisation, l'ouverture, l'arrêté, la surveillance ou le redressement de comptabilités relève du monopole des experts-comptables. Le secrétaire comptable peut en revanche proposer des prestations de secrétariat administratif, de saisie de pièces sous la supervision d'un cabinet, ou de facturation, sans se prévaloir d'une mission comptable réglementée.

Q18. Où trouve-t-on les référentiels officiels du titre ?

Le référentiel emploi, activités et compétences (REAC) et le référentiel d'évaluation (RE) sont téléchargeables gratuitement sur le site travail-emploi.gouv.fr, dans l'espace consacré aux titres professionnels. Ils sont identifiés par le code titre TP-00402, le millésime 09 et une date de mise à jour au 2 mars 2023. Ces documents constituent la source de référence absolue pour la préparation.

Q19. **Quelle différence existe entre le REAC et le RE ?**

Le REAC décrit l'emploi visé, les activités types, les compétences professionnelles associées et les conditions d'exercice : c'est le document métier. Le référentiel d'évaluation, ou RE, décrit les modalités concrètes de l'examen : nature et durée des épreuves, critères d'évaluation, grilles, conditions de mise en situation et composition du jury. Les deux documents sont indissociables pour se préparer efficacement.

Chapitre 2 — La session d'examen et ses épreuves

Q20. Comment se déroule une session d'examen du titre professionnel ?

La session comprend une mise en situation professionnelle éventuellement complétée d'épreuves écrites ou orales, un entretien technique le cas échéant, un questionnaire professionnel, et un entretien final avec le jury. Le jury dispose également du dossier professionnel du candidat et, pour les candidats issus d'un parcours de formation, des résultats des évaluations passées en cours de formation.

Q21. Qu'est-ce que le dossier professionnel ?

Le dossier professionnel, ou DP, est un document rédigé par le candidat dans lequel il décrit des exemples concrets de situations de travail vécues, illustrant chaque compétence du référentiel. Il est obligatoire, non noté en tant que tel, mais mis à disposition du jury qui s'en sert comme support d'entretien. Un DP mal renseigné fragilise considérablement l'entretien final.

Q22. Qui compose le jury d'un titre professionnel ?

Le jury est composé de professionnels du métier, habilités par la direction régionale de l'économie, de l'emploi, du travail et des solidarités. Ils sont en activité ou l'ont été récemment, et sont extérieurs à l'organisme de formation du candidat. Ils délibèrent souverainement sur la base des résultats de la session, du dossier professionnel et de l'entretien final.

Q23. Qu'est-ce que la mise en situation professionnelle ?

C'est l'épreuve centrale de l'examen. Le candidat est placé, sur poste informatique, dans un contexte d'entreprise reconstitué et doit traiter un ensemble de travaux administratifs et comptables correspondant à l'activité type évaluée. Elle mobilise un traitement de texte, un tableur et un logiciel de gestion commerciale ou de comptabilité, dans des conditions proches de la réalité professionnelle.

Q24. Qu'est-ce que l'entretien technique dans une session ?

L'entretien technique est un échange oral entre le candidat et le jury portant sur des points de la mise en situation qui n'ont pas pu être observés ou qui méritent d'être approfondis. Il permet de vérifier la compréhension des choix effectués, la maîtrise du vocabulaire professionnel et la capacité à justifier une démarche, notamment sur les traitements comptables.

Q25. Que se passe-t-il si le candidat ne valide qu'une partie des blocs

Le jury délivre alors un ou plusieurs certificats de compétences professionnelles correspondant aux blocs validés. Ces CCP sont acquis définitivement. Le candidat peut se représenter ultérieurement pour les blocs manquants, dans le cadre d'une nouvelle session, sans repasser les épreuves déjà réussies, tant que le titre reste enregistré au RNCP sous la même configuration.

Q26. Combien de temps un CCP reste-t-il valable ?

Un CCP est acquis sans limitation de durée. En revanche, la possibilité de le compléter pour obtenir le titre complet est conditionnée au maintien du titre au RNCP dans sa version en vigueur. En cas de révision du titre, un tableau de correspondance annexé au nouvel arrêté détermine quels anciens CCP restent réputés acquis dans la nouvelle architecture.

Q27. Quelles sont les voies d'accès au titre professionnel ?

Quatre voies existent : la formation professionnelle continue, l'apprentissage, la validation des acquis de l'expérience, et la candidature libre après un parcours mixte. Chacune conduit à la même session d'examen et au même titre. La VAE exige de justifier d'une expérience en rapport direct avec le titre, appréciée par le jury sur la base d'un livret de recevabilité puis d'un livret de présentation.

Q28. Quelles sont les principales évolutions apportées par la refonte de 2022 ?

La refonte réduit le titre de quatre à trois blocs, supprime le bloc autonome consacré à la paie et aux déclarations sociales pour l'intégrer partiellement au bloc périodique, renforce la dimension numérique et dématérialisée des travaux, et introduit explicitement la déclaration de TVA en ligne, la gestion des variables de paie et la production de tableaux de bord dans le bloc 3.

Q29. Que signifie l'expression « environnement numérique et dématérialisé » dans le référentiel ?

Elle traduit le fait que le secrétaire comptable travaille désormais sur des flux électroniques : factures reçues au format PDF ou électronique, télétransmission des déclarations, signature électronique, archivage numérique, logiciels en mode SaaS et échanges par messagerie sécurisée.

Le référentiel exige la maîtrise de ces outils au même titre que celle des techniques comptables traditionnelles.

Q30. **Qu'appelle-t-on veille comptable dans le référentiel ?**

La veille comptable est l'activité par laquelle le secrétaire comptable se tient informé en permanence des évolutions des règles comptables, fiscales et sociales applicables à son entreprise. Elle s'appuie sur les sources officielles : BOFiP, service-public.fr, urssaf.fr, le site de l'ordre des experts-comptables, et les lettres d'information professionnelles. Le référentiel en fait une compétence attendue et non un simple réflexe.

Q31. **Quels types d'emplois le titre permet-il d'occuper ?**

Secrétaire comptable, secrétaire administratif et comptable, assistant administratif et comptable, secrétaire polyvalent, secrétaire facturier, assistant de gestion en petite structure, ou encore conjoint collaborateur en charge de l'administratif et de la comptabilité. L'emploi est particulièrement recherché dans les très petites entreprises, les cabinets libéraux, les associations et les artisans.

Q32. **Quelle place occupe le secrétaire comptable face à l'expert-comptable ?**

Il constitue l'interface entre l'entreprise et le cabinet d'expertise comptable. Il prépare, contrôle et classe les pièces justificatives, saisit les écritures courantes, effectue les rapprochements bancaires et transmet un dossier ordonné. L'expert-comptable réalise ensuite les travaux de révision, les écritures d'inventaire, l'établissement des comptes annuels et la production des liasses fiscales.

Q33. Quelles évolutions de carrière sont possibles après le titre ?

Le titulaire peut évoluer vers les fonctions d'assistant de direction, d'assistant de gestion PME-PMI, de comptable, de gestionnaire de paie ou de responsable administratif dans une petite structure. Des passerelles existent vers les titres professionnels de comptable assistant, de gestionnaire de paie et d'assistant ressources humaines, ainsi que vers le BTS comptabilité et gestion.

Q34. Quelle est la durée moyenne d'une formation préparant au titre

Les parcours de formation continue s'étalent le plus souvent entre 700 et 1 200 heures en centre, soit environ neuf mois à temps plein, dix-neuf mois à temps partiel ou douze mois en alternance, auxquelles s'ajoute une période en entreprise. La durée est modulable selon le positionnement initial, les acquis antérieurs et les blocs visés.

Q35. Le titre peut-il être financé par le compte personnel de formation ?

Oui. En tant que certification enregistrée au RNCP, le titre professionnel de secrétaire comptable est éligible au compte personnel de formation. Il l'est également au titre de la validation des acquis de l'expérience, des dispositifs Pôle emploi ou France Travail, du plan de développement des compétences de l'employeur et des contrats en alternance.

Q36. Peut-on valider un seul bloc de compétences via le CPF ?

Oui. Depuis la loi du 5 septembre 2018, les blocs de compétences sont finançables individuellement. Un candidat peut donc suivre une formation ciblée sur le seul bloc 3, par exemple pour se professionnaliser en déclaration de TVA et en préparation de paie, et obtenir le CCP correspondant sans s'engager sur le titre complet.

Q37. Quel est le rôle de France compétences dans ce dispositif ?

France compétences est l'autorité nationale de régulation de la formation professionnelle et de l'apprentissage. Elle instruit et publie les fiches RNCP, contrôle la qualité des données déclarées par les certificateurs, publie les taux d'insertion et de réussite, et veille à la cohérence de l'offre de certification. Sa base publique est la source officielle pour vérifier l'état d'un titre.

Q38. Comment vérifier qu'un organisme est habilité à préparer au titre ?

Il faut consulter la fiche RNCP37123 sur le site de France compétences, où figure la liste des organismes habilités par le certificateur. L'organisme doit par ailleurs être certifié Qualiopi pour prétendre à des financements publics ou mutualisés. Une simple mention du titre sur un site commercial ne vaut pas habilitation.

Q39. Que recouvre exactement le bloc 1 du titre ?

Il recouvre quatre compétences : présenter des documents professionnels courants à l'aide d'outils numériques, organiser son environnement de travail et son classement au quotidien, rechercher et transmettre des informations usuelles par écrit, et assurer l'accueil d'une structure au quotidien. C'est le socle du métier de secrétaire, indépendamment de la dimension comptable.

Q40. Que recouvre exactement le bloc 2 du titre ?

Il recouvre le traitement des opérations comptables quotidiennes : comptabilisation des documents commerciaux d'achat et de vente, comptabilisation des documents bancaires et suivi de la trésorerie, et prise en charge des relations avec les clients et les fournisseurs, incluant le lettrage, les relances et le contrôle des règlements.

Q41. Que recouvre exactement le bloc 3 du titre ?

Il recouvre trois compétences périodiques : assurer la gestion administrative, comptable et fiscale de la déclaration de TVA, assurer la gestion des variables et paramètres de la paie, et présenter et transmettre des tableaux de bord. Ce sont des travaux à échéance mensuelle ou trimestrielle, distincts des opérations quotidiennes du bloc 2.

Q42. Quelles compétences transversales le référentiel identifie-t-il ?

Le référentiel met en avant l'utilisation des outils numériques et collaboratifs, la communication écrite et orale professionnelle, l'organisation et la rigueur, le respect de la confidentialité, l'esprit d'analyse appliqué aux chiffres, la capacité à travailler en autonomie et à rendre compte, ainsi que l'adaptation permanente aux évolutions logicielles et réglementaires.

Q43. Que faut-il retenir de la notion de confidentialité pour ce métier

Le secrétaire comptable manipule des données à caractère personnel, des rémunérations, des situations bancaires et des informations commerciales stratégiques. Il est tenu à une obligation de discrétion professionnelle contractuelle et, pour les données personnelles, au respect du règlement général sur la protection des données. Toute divulgation, même involontaire, peut engager sa responsabilité disciplinaire.

Q44. Quelles obligations le RGPD impose-t-il dans ce métier ?

Il impose de ne collecter que les données nécessaires, de les conserver pour une durée limitée, de les sécuriser par des accès restreints et des mots de passe robustes, d'informer les personnes concernées, et de tenir un registre des traitements. Le secrétaire comptable doit également savoir répondre à une demande d'accès ou d'effacement en la relayant au responsable de traitement.

Q45. Quel est le taux d'insertion attendu après le titre ?

Les taux d'insertion sont publiés sur la fiche RNCP37123 par France compétences. Ils sont généralement favorables car le double profil secrétariat et comptabilité répond à un besoin structurel des très petites entreprises, qui ne peuvent recruter deux profils distincts. Le candidat doit consulter les données actualisées de la fiche avant tout engagement en formation.

Q46. Quelle articulation existe avec le titre de comptable assistant ?

Le titre de comptable assistant est également de niveau 4 mais orienté exclusivement comptabilité, sans dimension secrétariat ni accueil. Des équivalences partielles entre les CCP des deux titres sont prévues par les arrêtés relatifs aux titres professionnels de niveau 4 de la filière. Le candidat doit vérifier ces liens sur les fiches RNCP respectives.

Q47. Quelle articulation existe avec le titre de secrétaire assistant ?

Le titre de secrétaire assistant partage le bloc consacré aux travaux administratifs de secrétariat au quotidien. Un titulaire de ce CCP peut donc le faire valoir dans le cadre du titre de secrétaire comptable, sous réserve de la correspondance formalisée sur les fiches RNCP. Il ne lui resterait alors que les blocs 2 et 3 à valider.

Q48. Quel intérêt présente la lecture attentive du référentiel d'évaluation ?

Le RE précise, compétence par compétence, les critères que le jury applique. Il indique par exemple le niveau d'exigence attendu sur la présentation d'un document, la tolérance en matière d'erreurs comptables ou les points de contrôle d'un rapprochement bancaire. Préparer l'examen sans avoir lu ces critères revient à travailler à l'aveugle.

Q49. Comment structurer efficacement sa révision pour ce titre ?

La méthode la plus efficace consiste à traiter chaque bloc séparément, en alternant l'apprentissage des notions théoriques, la mémorisation active par questions-réponses et la mise en pratique sur logiciel. Il faut ensuite consacrer une phase à la rédaction du dossier professionnel et une dernière à la simulation complète d'une mise en situation chronométrée.

Q50. Quels supports privilégier pour réviser efficacement ce titre ?

Les référentiels officiels REAC et RE constituent la base incontournable. Ils sont complétés par un support de questions-réponses permettant la restitution active, par des fiches de synthèse pour les repères chiffrés, et surtout par la pratique régulière sur les logiciels de bureautique, de gestion commerciale et de comptabilité utilisés en épreuve.

Partie II — Bloc 1 : Assurer les travaux administratifs de secrétariat au quotidien

Chapitre 3 — Présenter des documents professionnels avec les outils numériques

Q51. Quelles sont les caractéristiques d'une lettre commerciale normalisée ?

Elle comporte l'en-tête de l'expéditeur, les coordonnées du destinataire alignées à droite, les références et le lieu suivi de la date, un objet clair, éventuellement une mention de pièces jointes, une formule d'appel, un corps structuré en paragraphes, une formule de politesse, la signature et la qualité du signataire. La norme française de présentation NF Z 11-001 sert de référence.

Q52. Où se place la date sur une lettre commerciale française ?

La date se place sous les coordonnées du destinataire, dans la partie droite du document, précédée du nom de la ville et d'une virgule. On écrit par exemple « Béziers, le 12 mars 2026 ». Le mois s'écrit toujours en lettres et en minuscules, et l'année en chiffres, sans abréviation ni point final.

Q53. Comment rédige-t-on correctement l'objet d'une lettre ?

L'objet est bref, nominal et informatif : il annonce le motif en quelques mots sans verbe conjugué. Il se place au-dessus de la formule d'appel, souvent en gras, précédé de la mention « Objet : ». On écrit par exemple « Objet : relance de la facture n° 2026-118 » plutôt qu'une phrase complète.

Q54. Quelle formule d'appel utiliser quand on ignore le destinataire

On utilise « Madame, Monsieur, » suivi d'une virgule et d'un retour à la ligne. Cette formule neutre est la seule acceptable lorsque l'identité ou le genre du destinataire n'est pas connu. On évite « Cher client », trop commercial, et « Messieurs », désormais considéré comme discriminant.

Q55. Quelles règles régissent les formules de politesse ?

La formule de politesse reprend obligatoirement la formule d'appel à l'identique. Elle constitue une phrase complète et se termine par un point. On écrit par exemple : « Je vous prie d'agréer, Madame, Monsieur, l'expression de mes salutations distinguées. » Le verbe « agréer » ne se construit jamais avec « veuillez croire à », qui est une confusion fréquente.

Q56. Qu'est-ce qu'une note de service ?

C'est un document interne, à caractère impératif, par lequel la direction communique une instruction, une consigne ou une décision à l'ensemble ou à une partie du personnel. Elle comporte un émetteur, des destinataires, une date, un numéro d'ordre, un objet et un texte concis. Elle est datée, signée et affichée ou diffusée par voie électronique.

Q57. Quelle différence existe entre une note de service et une note d'information ?

La note de service impose une obligation ou modifie une organisation : elle a une portée contraignante. La note d'information se contente de porter un fait à la connaissance du personnel, sans caractère prescriptif. La distinction a des conséquences juridiques, car une note de service touchant la discipline peut constituer un ajout au règlement intérieur.

Q58. Comment se présente un compte rendu de réunion ?

Il indique l'intitulé de la réunion, la date, l'heure, le lieu, la liste des présents, des excusés et des absents, l'ordre du jour, puis le développement point par point des sujets traités, les décisions prises, les actions décidées avec leur responsable et leur échéance, et enfin la date de la prochaine réunion.

Q59. Quelle différence existe entre un compte rendu et un procès-verbal ?

Le compte rendu restitue de manière synthétique et fidèle le déroulement d'une réunion, sans valeur juridique particulière. Le procès-verbal est un document officiel, souvent obligatoire, dont la rédaction est encadrée : il est soumis à approbation, signé par le président et le secrétaire de séance, et fait foi jusqu'à preuve contraire.

Q60. Qu'est-ce qu'un relevé de décisions ?

C'est une forme allégée du compte rendu qui ne conserve que les décisions arrêtées et les actions à mener, chacune associée à un responsable et à une date d'échéance. Il se présente souvent sous forme de tableau. Il est particulièrement adapté aux réunions opérationnelles récurrentes, où le détail des échanges présente peu d'intérêt.

Q61. Qu'est-ce qu'un ordre du jour et qui l'établit ?

L'ordre du jour est la liste ordonnée des sujets qui seront abordés lors d'une réunion, avec une durée indicative par point. Il est établi par l'organisateur de la réunion, généralement avec l'appui du secrétariat, et diffusé aux participants avant la séance, accompagné des documents de travail nécessaires à leur préparation.

Q62. Quels sont les usages typographiques des majuscules accentuées ?

Les majuscules doivent être accentuées en français : on écrit « À compter du », « État », « Éditions ». L'usage contraire, hérité des contraintes des machines à écrire, est une faute. L'Académie française et l'Imprimerie nationale confirment cette règle, qui vaut aussi pour les sigles développés et les titres en capitales.

Q63. Comment écrit-on correctement une somme en euros dans un document ?

Le symbole de l'euro se place après le nombre, séparé par une espace insécable : « 1 250,00 € ». Le séparateur décimal est la virgule et le séparateur des milliers est une espace insécable, jamais un point ni une apostrophe. Dans un contrat, la somme est souvent reprise en toutes lettres entre parenthèses.

Q64. Quelles règles s'appliquent à l'espacement avant la ponctuation ?

En français, les signes doubles — deux-points, point-virgule, point d'interrogation, point d'exclamation — sont précédés d'une espace insécable. Les signes simples — point, virgule — ne le sont pas. Les guillemets français ouvrants sont suivis d'une espace insécable et les fermants en sont précédés. Le tiret cadratin des incises est entouré d'espaces.

Q65. Qu'est-ce qu'une charte graphique et pourquoi la respecter ?

La charte graphique définit les couleurs, les polices, les tailles, le logotype, les marges et les modèles applicables à tous les documents de l'entreprise. La respecter garantit l'homogénéité de l'image institutionnelle, facilite la reconnaissance de l'émetteur et évite les corrections ultérieures. Le référentiel du titre en fait une exigence explicite.

Q66. Comment utiliser efficacement les styles dans un traitement de texte ?

Les styles permettent d'appliquer une mise en forme cohérente à tous les éléments de même nature et de la modifier globalement en une seule opération. Ils conditionnent également la génération automatique d'une table des matières, la navigation dans le volet plan et l'accessibilité du document. Toute mise en forme manuelle répétée doit être convertie en style.

Q67. Comment insère-t-on une table des matières automatique ?

Il faut d'abord appliquer les styles de titre hiérarchisés au document, puis placer le curseur à l'emplacement voulu et insérer une table des matières via le menu Références. La table est un champ : elle doit être mise à jour après toute modification du document, en choisissant de mettre à jour la totalité de la table.

Q68. Qu'est-ce qu'un saut de section et à quoi sert-il ?

Un saut de section délimite des parties du document pouvant recevoir une mise en page distincte : orientation différente, marges spécifiques, numérotation autonome ou en-têtes et pieds de page dissociés. Il se distingue du saut de page, qui force uniquement le passage à la page suivante sans modifier les paramètres de mise en page.

Q69. Comment obtenir des en-têtes différents selon les sections ?

Il faut insérer un saut de section, puis, dans l'en-tête de la nouvelle section, désactiver l'option « Lier au précédent ». Sans cette désactivation, toute modification se répercute sur les sections antérieures. C'est l'erreur la plus fréquente lors de la mise en page de documents longs comportant des annexes.

Q70. Comment numéroter les pages en excluant la page de garde ?

On insère un saut de section après la page de garde, on délie l'en-tête ou le pied de page de la section suivante, puis on active la numérotation en démarrant à un numéro choisi via le format de numérotation. On peut également cocher l'option « Première page différente » pour une solution plus rapide sur un document simple.

Q71. Qu'est-ce que le publipostage ?

Le publipostage consiste à fusionner un document type contenant des champs de fusion avec une source de données structurée, généralement un tableur ou une base, afin de produire automatiquement des documents personnalisés. Il permet de générer des courriers, des étiquettes, des enveloppes ou des messages électroniques en série à partir d'un modèle unique.

Q72. Quelles sont les étapes d'un publipostage réussi ?

Préparer et nettoyer la source de données avec des en-têtes de colonnes explicites, créer le document principal, sélectionner les destinataires, insérer les champs de fusion aux emplacements voulus, appliquer les filtres et le tri utiles, prévisualiser les résultats, puis lancer la fusion vers un nouveau document, l'imprimante ou la messagerie.

Q73. Comment gérer le format des dates et des nombres dans un publipostage ?

Les champs de fusion héritent parfois du format brut de la source, affichant des dates au format américain ou des décimales excessives. Il faut alors ajouter un commutateur de format dans le code du champ, en l'affichant avec la combinaison de touches dédiée, par exemple un commutateur de date ou un commutateur numérique à deux décimales.

Q74. Qu'est-ce qu'un modèle de document et quel est son intérêt ?

Un modèle est un fichier de référence contenant la structure, les styles, les zones de saisie et les éléments graphiques récurrents d'un type de document. Enregistré au format dédié, il génère à chaque ouverture une copie vierge, ce qui protège l'original. Il assure la cohérence, fait gagner un temps considérable et réduit les erreurs.

Q75. Comment protéger un document contre les modifications ?

On peut le protéger par mot de passe en lecture ou en écriture, le marquer comme final, restreindre la modification à certaines zones grâce au mode formulaire, ou le diffuser au format PDF. Pour un document contractuel, la conversion en PDF assortie d'une signature électronique offre le niveau de sécurité le plus adapté.

Q76. Qu'est-ce que le suivi des modifications ?

C'est une fonction du traitement de texte qui enregistre chaque insertion, suppression ou changement de mise en forme, en les attribuant à un auteur et à une date. Les modifications apparaissent en couleur et peuvent être acceptées ou refusées une à une. C'est l'outil de référence pour la relecture collaborative d'un contrat ou d'un rapport.

Q77. Quel est l'intérêt du format PDF pour la diffusion ?

Le PDF fige la mise en page indépendamment du logiciel, du système d'exploitation et des polices installées sur le poste du destinataire. Il empêche les modifications accidentelles, réduit souvent le poids du fichier et se prête à la signature électronique. C'est le format attendu pour toute diffusion externe de document définitif.

Q78. Comment créer un formulaire dans un traitement de texte ?

On insère des contrôles de contenu depuis l'onglet Développeur : zones de texte, listes déroulantes, cases à cocher et sélecteurs de date. On définit les propriétés de chaque contrôle, on ajoute un texte d'aide, puis on restreint la modification au remplissage des champs de formulaire avant de protéger le document par mot de passe.

Q79. Quelles sont les principales fonctions d'un tableur pour le secrétariat ?

Le tableur sert à établir des états de suivi, à calculer des totaux et des ratios, à construire des échéanciers, à réaliser des tris et des filtres, à produire des graphiques et à préparer des sources de publipostage. Il constitue également l'outil privilégié de contrôle des données extraites du logiciel comptable.

Q80. Quelle différence existe entre référence relative et absolue ?

Une référence relative se décale lorsqu'on recopie la formule : A1 devient A2 en descendant d'une ligne. Une référence absolue, notée avec des symboles dollar, reste figée quelle que soit la recopie. Une référence mixte fige uniquement la ligne ou uniquement la colonne, ce qui est indispensable pour construire une table à double entrée.

Q81. À quoi sert la fonction RECHERCHEV ?

Elle recherche une valeur dans la première colonne d'une plage et renvoie le contenu d'une colonne située à droite, sur la même ligne. Elle est utilisée pour rapatrier un libellé de compte, un tarif ou une raison sociale à partir d'un code. Le quatrième argument doit être fixé à FAUX pour exiger une correspondance exacte.

Q82. Quelles sont les limites de RECHERCHEV et ses alternatives ?

RECHERCHEV ne peut pas rechercher vers la gauche et se dérègle si l'on insère une colonne, car le numéro d'index est figé. On lui préfère la combinaison INDEX et EQUIV, plus robuste, ou la fonction RECHERCHEX dans les versions récentes, qui gère nativement la recherche dans les deux sens et la valeur en cas d'absence.

Q83. À quoi servent les fonctions SOMME.SI et SOMME.SI.ENS ?

SOMME.SI additionne les valeurs d'une plage répondant à un critère unique, par exemple le total des factures d'un client donné. SOMME.SI.ENS permet de cumuler plusieurs critères simultanés, par exemple les ventes d'un client sur un mois déterminé. Ces fonctions sont essentielles pour construire un tableau de bord sans recourir à un tableau croisé.

Q84. Qu'est-ce qu'un tableau croisé dynamique ?

C'est un outil de synthèse qui agrège automatiquement une base de données selon des dimensions choisies placées en lignes, en colonnes, en filtres et en valeurs. Il permet, à partir d'un journal d'écritures ou d'un fichier de ventes, d'obtenir instantanément des totaux par client, par période ou par compte, sans écrire la moindre formule.

Q85. Comment nommer une plage de cellules et pourquoi le faire ?

On sélectionne la plage et on saisit un nom dans la zone Nom, ou l'on passe par le gestionnaire de noms. Les formules deviennent alors lisibles : au lieu d'une référence obscure, on écrit le nom de la plage. Les noms facilitent aussi la maintenance des classeurs et sécurisent les listes de validation de données.

Q86. Qu'est-ce que la validation des données dans un tableur ?

C'est une fonction qui restreint les saisies possibles dans une cellule à une liste prédéfinie, à une plage numérique, à une plage de dates ou à une longueur de texte. Elle réduit fortement les erreurs de saisie et garantit l'homogénéité des libellés, ce qui est indispensable avant tout tri, filtre ou tableau croisé.

Q87. À quoi sert la mise en forme conditionnelle ?

Elle applique automatiquement un format à une cellule en fonction de son contenu ou du résultat d'une formule. Dans un suivi d'échéances, elle fait apparaître en rouge les factures échues, en orange celles arrivant à échéance sous huit jours. Elle transforme un tableau brut en instrument de pilotage lisible d'un seul regard.

Q88. Comment figer les volets d'un grand tableau ?

On place le curseur sous la ligne d'en-têtes et à droite de la colonne à conserver visible, puis on active la commande de figeage des volets. Les en-têtes restent alors affichés lors du défilement. Cette manipulation est indispensable pour saisir sans erreur dans un tableau de plusieurs centaines de lignes.

Q89. Comment répéter les titres d'un tableau à l'impression ?

Dans les options de mise en page, la fonction « Titres à imprimer » permet de désigner les lignes à répéter en haut de chaque page et les colonnes à répéter à gauche. C'est une opération distincte du figeage des volets, qui ne concerne que l'affichage à l'écran et n'a aucun effet sur l'impression.

Q90. Quelles sont les bonnes pratiques de mise en page d'un tableau imprimé ?

Définir une zone d'impression, adapter l'échelle pour tenir en largeur sur une page, répéter les en-têtes, insérer un pied de page comportant le nom du fichier et la pagination, aligner les nombres à droite avec un nombre uniforme de décimales, et éviter les quadrillages trop lourds au profit de filets discrets.

Q91. Qu'est-ce qu'un graphique adapté à des données comparatives ?

Pour comparer des grandeurs entre catégories, on privilégie l'histogramme ou le graphique à barres. Pour représenter une évolution dans le temps, on utilise la courbe. Pour montrer une répartition, on emploie le secteur, à condition de ne pas dépasser cinq ou six parts. Le graphique doit porter un titre explicite et des axes légendés.

Q92. Quelles erreurs éviter dans la construction d'un graphique ?

Il faut éviter de tronquer l'axe des ordonnées, ce qui exagère les écarts, de multiplier les effets tridimensionnels qui faussent la perception des proportions, de superposer plus de quatre séries, et d'utiliser des couleurs non contrastées. Chaque graphique doit répondre à une question unique, formulée dans son titre.

Q93. Comment importer un fichier CSV dans un tableur sans erreur

Il faut utiliser l'assistant d'importation plutôt qu'un simple double-clic, afin de préciser le séparateur, l'encodage — généralement UTF-8 — et le format de chaque colonne. Les colonnes de codes commençant par un zéro et les numéros de compte doivent être déclarés en texte, faute de quoi le tableur supprime les zéros initiaux.

Q94. Quelles précautions prendre lors d'un copier-coller entre logiciels ?

Il faut privilégier le collage spécial en valeurs ou en texte non formaté pour éviter d'importer des styles étrangers à la charte graphique. Pour un tableau destiné à évoluer, le collage avec liaison maintient la mise à jour automatique. Un contrôle visuel des totaux après collage reste indispensable.

Q95. Qu'est-ce que l'accessibilité numérique d'un document ?

C'est l'ensemble des caractéristiques qui rendent un document lisible par tous, y compris par les personnes en situation de handicap utilisant un lecteur d'écran. Elle suppose l'usage de styles de titre hiérarchisés, l'ajout de textes alternatifs aux images, un contraste suffisant, une police lisible et l'absence d'information portée uniquement par la couleur.

Q96. Comment nommer correctement un fichier professionnel ?

Le nom doit être explicite, court et normalisé : date au format inversé année-mois-jour pour un tri chronologique automatique, nature du document, identifiant du tiers et éventuellement indice de version. On évite les accents, les espaces, les caractères spéciaux et les mentions vagues telles que « définitif » ou « version finale ».

Q97. Quelles sont les règles de gestion des versions d'un document

Chaque version reçoit un indice incrémenté, la version validée étant clairement identifiée. Les versions intermédiaires sont archivées dans un sous-dossier distinct. Sur un espace collaboratif, on privilégie l'historique natif de la plateforme plutôt que la duplication de fichiers, qui multiplie les risques de travailler sur une version obsolète.

Q98. Qu'apporte un espace de travail collaboratif en ligne ?

Il permet la coédition simultanée, la centralisation des versions, le partage contrôlé par droits d'accès, la traçabilité des modifications, les commentaires contextuels et l'accès depuis n'importe quel poste. Il supprime les échanges de pièces jointes multiples par messagerie, principale source de confusion entre versions dans les petites structures.

Q99. Comment réaliser une signature électronique valide ?

On utilise un prestataire de services de confiance conforme au règlement européen eIDAS. La signature simple convient aux documents courants, la signature avancée exige une identification renforcée du signataire, et la signature qualifiée, adossée à un certificat délivré après vérification d'identité en présentiel, a la même valeur qu'une signature manuscrite.

Q100. Quelles sont les bonnes pratiques de sauvegarde des documents ?

La règle dite du trois-deux-un s'applique : trois copies des données, sur deux supports différents, dont une hors site. La sauvegarde doit être automatisée, planifiée à fréquence adaptée, et surtout testée régulièrement par une restauration réelle. Une sauvegarde jamais restaurée ne constitue pas une sauvegarde fiable.

Chapitre 4 — Organiser son environnement de travail et son classement

Q101. **Qu'appelle-t-on classement en organisation administrative ?**

Le classement est l'opération qui consiste à ranger les documents selon un ordre méthodique et constant, afin de pouvoir les retrouver rapidement. Il se distingue de l'archivage, qui concerne la conservation à moyen et long terme des documents dont l'usage courant est terminé. Un bon classement repose sur un plan écrit, connu et respecté de tous.

Q102. **Quels sont les principaux modes de classement ?**

On distingue le classement alphabétique, numérique, chronologique, géographique, thématique ou idéologique, et alphanumérique qui combine plusieurs critères. Le choix dépend de la nature des documents et du mode de recherche dominant. Les dossiers clients se prêtent au classement alphabétique, les factures au classement numérique, la correspondance au classement chronologique.

Q103. **Quelles sont les règles du classement alphabétique ?**

On classe lettre par lettre en ignorant les articles initiaux, en traitant les sigles comme des mots, en plaçant les noms de personnes au patronyme puis au prénom, et en faisant précéder les particules du nom de famille selon l'usage français. Les chiffres écrits en lettres sont classés comme tels et les homonymes départagés par un critère secondaire.

Q104. **Quel est l'intérêt du classement numérique ?**

Il attribue à chaque dossier un numéro d'ordre séquentiel, ce qui garantit l'unicité, permet une extension illimitée sans réorganisation et assure la confidentialité, puisque le numéro ne révèle rien du contenu. Il impose en contrepartie la tenue d'un répertoire alphabétique de correspondance, sans lequel toute recherche devient impossible.

Q105. Qu'est-ce que le classement décimal ?

Le classement décimal divise le fonds documentaire en dix classes principales, elles-mêmes subdivisées en dix sous-classes, et ainsi de suite. Chaque niveau est identifié par un chiffre supplémentaire séparé par un point. Il offre une structure hiérarchique claire et extensible, particulièrement adaptée à l'arborescence des dossiers informatiques.

Q106. Comment concevoir une arborescence de dossiers informatiques efficace ?

Elle doit être peu profonde, idéalement limitée à quatre ou cinq niveaux, avec des intitulés explicites et normalisés, une logique unique appliquée à tous les niveaux, et une distinction claire entre dossiers en cours, dossiers clos et archives. Chaque niveau doit répondre à une seule question : quoi, qui, quand.

Q107. Quelles durées de conservation s'appliquent aux documents comptables ?

Les livres et registres comptables, les pièces justificatives, les factures clients et fournisseurs, les bons de commande et les bons de livraison doivent être conservés dix ans à compter de la clôture de l'exercice, en application de l'article L. 123-22 du code de commerce. Ce délai s'applique aussi aux documents dématérialisés.

Q108. Quelles durées de conservation s'appliquent aux documents fiscaux ?

Le livre foncier et les pièces justifiant les déclarations fiscales doivent être conservés six ans à compter de la dernière opération, en application de l'article L. 102 B du livre des procédures fiscales. En pratique, on aligne souvent cette conservation sur le délai comptable de dix ans, plus protecteur en cas de contrôle.

Q109. Quelles durées de conservation s'appliquent aux documents sociaux ?

Le bulletin de paie doit être conservé cinq ans par l'employeur, les documents relatifs aux charges sociales trois ans, le registre unique du personnel cinq ans à compter du départ du salarié, et les documents relatifs aux accidents du travail cinq ans. Le salarié, lui, doit conserver ses bulletins sans limitation de durée.

Q110. Combien de temps conserver les contrats et statuts d'une société ?

Les statuts, les procès-verbaux d'assemblées générales, les rapports du commissaire aux comptes et les registres de titres doivent être conservés cinq ans à compter de la perte de la personnalité morale, et les documents relatifs aux trois derniers exercices doivent rester disponibles au siège. Les contrats commerciaux se conservent cinq ans après leur terme.

Q111. Que devient un document dont la durée de conservation est expirée ?

Il doit être détruit de manière sécurisée, par broyage pour le papier et par effacement irréversible pour le numérique, afin de respecter le principe de limitation de la conservation posé par le RGPD. La destruction fait l'objet d'un bordereau d'élimination consigné dans le tableau de gestion des archives de la structure.

Q112. Qu'est-ce que le cycle de vie d'un document ?

Il comprend trois âges. L'archive courante, consultée quotidiennement, reste au poste de travail. L'archive intermédiaire, consultée occasionnellement, est stockée dans un local dédié. L'archive définitive, dont la valeur probatoire ou historique justifie la conservation, est transférée dans un espace sécurisé ou détruite si son délai est expiré.

Q113. Qu'est-ce qu'un tableau de gestion des archives ?

C'est le document de référence qui recense, pour chaque type de document produit par la structure, son producteur, sa durée d'utilité administrative, son sort final — conservation ou destruction — et l'observation justifiant ce choix. Il constitue l'outil de pilotage de l'archivage et sécurise juridiquement les opérations de destruction.

Q114. Quelles sont les conditions de validité de l'archivage électronique ?

L'archivage électronique à valeur probante suppose l'intégrité du document, garantie par une empreinte numérique, l'horodatage, la traçabilité des accès et des opérations, la pérennité du format et la lisibilité dans le temps. La norme NF Z42-013 encadre ces exigences pour les systèmes d'archivage électronique.

Q115. Quelle est la valeur juridique d'une facture dématérialisée ?

Une facture électronique a la même valeur qu'une facture papier dès lors que l'authenticité de son origine, l'intégrité de son contenu et sa lisibilité sont garanties, soit par une signature électronique qualifiée, soit par un échange de données informatisé, soit par une piste d'audit fiable documentée au sein de l'entreprise.

Q116. Qu'est-ce qu'une piste d'audit fiable ?

C'est la documentation permettant de reconstituer, dans un ordre chronologique, l'ensemble du processus depuis l'origine d'une opération jusqu'au document final, et de justifier tout événement par une pièce. Elle relie la commande, la livraison, la facture et le règlement, et doit être formalisée par écrit pour être opposable à l'administration.

Q117. Comment organiser le classement des factures fournisseurs ?

On les classe par ordre chronologique de réception ou par numéro d'ordre interne attribué à l'arrivée, en distinguant les factures en attente de validation, les factures validées non réglées et les factures réglées. Le classement par fournisseur est réservé au suivi commercial, la comptabilité privilégiant l'ordre séquentiel de saisie.

Q118. Comment organiser le classement des factures clients ?

Les factures de vente sont classées par numéro d'ordre strictement chronologique et continu, sans rupture ni doublon, conformément à l'exigence de numérotation séquentielle. Un double est classé dans le dossier du client pour le suivi commercial et le recouvrement. Les avoirs suivent la même chronologie que les factures.

Q119. Quelles sont les règles de tenue d'un échéancier ?

L'échéancier recense toutes les obligations à date fixe : échéances de TVA, de cotisations sociales, de loyers, de remboursements d'emprunt, de renouvellement de contrats et d'assurances. Il est tenu sur un support unique, partagé, avec alerte anticipée. Il constitue le principal outil de prévention des pénalités et majorations de retard.

Q120. Comment gérer efficacement un agenda professionnel partagé

Il faut normaliser les intitulés, systématiser la saisie du lieu et des participants, prévoir des temps de trajet et des marges entre rendez-vous, distinguer les événements privés par un statut de confidentialité, définir des droits d'accès différenciés et vérifier les disponibilités avant toute confirmation à un tiers.

Q121. Qu'est-ce que la méthode Eisenhower ?

C'est une matrice de priorisation qui croise l'urgence et l'importance d'une tâche. Ce qui est important et urgent est traité immédiatement, ce qui est important et non urgent est planifié, ce qui est urgent mais peu important est délégué, et ce qui n'est ni urgent ni important est éliminé. Elle structure la journée d'un secrétaire polyvalent.

Q122. Qu'est-ce que la loi de Pareto appliquée au secrétariat ?

Elle énonce qu'environ vingt pour cent des causes produisent quatre-vingts pour cent des effets. Appliquée à la gestion administrative, elle invite à identifier les quelques clients, fournisseurs ou tâches qui concentrent l'essentiel de l'activité ou du risque, afin d'y consacrer prioritairement le temps et les contrôles.

Q123. **Qu'est-ce que la loi de Carlson ?**

Elle établit qu'un travail réalisé en continu prend moins de temps que le même travail effectué en plusieurs fois, en raison du coût de reprise après chaque interruption. Elle justifie le regroupement des tâches de même nature en plages dédiées, notamment le traitement groupé de la messagerie et de la saisie comptable.

Q124. **Comment traiter efficacement une boîte de réception ?**

On applique la règle du traitement unique : chaque message est lu une fois et immédiatement traité, délégué, planifié ou archivé. Les messages traitables en moins de deux minutes sont exécutés sur-le-champ. On limite les relevés à deux ou trois plages quotidiennes et l'on utilise des règles de tri automatique par expéditeur ou objet.

Q125. **Quelles sont les règles de rédaction d'un courriel professionnel**

L'objet doit être précis et autoportant, le message tenir en un écran, le premier paragraphe énoncer la demande, la signature comporter les coordonnées complètes, et les destinataires en copie être strictement limités aux personnes concernées. La copie cachée est réservée aux envois collectifs pour protéger les adresses.

Q126. **Quand utiliser la copie et la copie cachée dans un courriel ?**

La copie s'adresse aux personnes devant être informées sans avoir à agir. La copie cachée protège les adresses lors d'un envoi à de nombreux destinataires externes qui ne se connaissent pas, conformément aux exigences du RGPD. Utiliser la copie cachée pour surveiller un échange constitue une pratique déloyale à proscrire.

Q127. Comment gérer les pièces jointes volumineuses ?

Au-delà de quelques mégaoctets, on privilégie un lien de partage vers un espace sécurisé plutôt qu'une pièce jointe, ce qui évite la saturation des boîtes et permet la révocation de l'accès. Les documents contenant des données sensibles sont chiffrés ou protégés par mot de passe transmis par un canal distinct.

Q128. Qu'est-ce qu'un parapheur et à quoi sert-il ?

Le parapheur regroupe, dans un classeur à intercalaires ou dans une application dédiée, les documents soumis à la signature d'un responsable. Chaque document est accompagné des pièces permettant la vérification. Le parapheur électronique ajoute la traçabilité, les relances automatiques et l'intégration d'une signature électronique.

Q129. Comment organiser le suivi du courrier entrant ?

Le courrier est ouvert, daté par tampon dateur, éventuellement numéroté, enregistré dans un registre ou une application, puis ventilé vers les destinataires. Les plis recommandés, les mises en demeure et les correspondances administratives font l'objet d'un enregistrement spécifique avec conservation de l'accusé de réception.

Q130. Quelles précautions prendre avec un courrier recommandé ?

Il faut conserver l'enveloppe, qui porte le cachet de la poste faisant foi de la date, enregistrer la date de réception, alerter immédiatement la direction s'il s'agit d'une mise en demeure ou d'un acte de procédure, et vérifier les délais de réponse, souvent très courts en matière contentieuse ou fiscale.

Q131. Comment organiser les fournitures et le petit matériel ?

On tient un état des stocks avec un seuil d'alerte par référence, on centralise les demandes, on regroupe les commandes pour bénéficier des franchises de port, et on contrôle les livraisons par rapprochement entre le bon de commande, le bon de livraison et la facture avant transmission à la comptabilité.

Q132. Qu'est-ce qu'un plan de classement écrit ?

C'est le document qui formalise la structure du classement : liste des rubriques, codification, règles de nommage, emplacements physiques et numériques, responsables et durées de conservation. Il rend l'organisation indépendante de la personne qui l'a conçue et permet la continuité du service en cas d'absence ou de départ.

Q133. Comment assurer la continuité de service en cas d'absence ?

On formalise des procédures écrites pour les tâches critiques, on tient un cahier de consignes à jour, on partage les accès nécessaires via une gestion de droits et non par échange de mots de passe personnels, on anticipe les échéances tombant pendant l'absence, et on prévoit un message d'absence indiquant un contact de substitution.

Q134. Quels sont les principes d'un poste de travail ergonomique ?

L'écran est placé à une distance équivalente à la longueur du bras, le haut de l'écran au niveau des yeux, les avant-bras à l'horizontale, les pieds à plat ou sur un repose-pieds, le dos soutenu, et l'éclairage perpendiculaire à l'écran pour éviter les reflets. Des pauses régulières sont recommandées.

Chapitre 5 — Rechercher et transmettre des informations par écrit

Q135. Quelles sont les étapes d'une recherche d'information efficace

Définir précisément le besoin, identifier les sources pertinentes, formuler une requête adaptée, sélectionner les résultats, évaluer la fiabilité de la source, vérifier la date de mise à jour, croiser au moins deux sources indépendantes, puis restituer l'information sous une forme adaptée au destinataire en citant l'origine.

Q136. Comment évaluer la fiabilité d'une source d'information ?

On examine l'identité et la qualité de l'auteur, la nature du site, l'existence de mentions légales, la date de publication ou de mise à jour, la présence de références vérifiables, l'absence d'intention commerciale masquée et la concordance avec d'autres sources indépendantes. Les sources officielles priment toujours sur les sites d'agrégation.

Q137. Quelles sont les sources officielles utiles au secrétaire comptable ?

Légifrance pour les textes, le BOFiP pour la doctrine fiscale, urssaf.fr et net-entreprises.fr pour le social, service-public.fr et entreprendre.service-public.fr pour les démarches, impots.gouv.fr pour la fiscalité, l'INSEE pour les données statistiques et les indices, et l'INPI pour les informations sur les entreprises.

Q138. Comment consulter les informations légales sur une entreprise

On interroge le registre national des entreprises et l'annuaire des entreprises, qui donnent le numéro SIREN, la forme juridique, le code d'activité, l'adresse du siège et les dirigeants. Les comptes annuels déposés et les actes sont consultables auprès des greffes. Ces vérifications sont indispensables avant l'ouverture d'un compte client.

Q139. À quoi sert le numéro SIREN et en quoi diffère-t-il du SIRET

Le SIREN identifie l'entreprise en tant que personne juridique par neuf chiffres, invariables pendant toute son existence. Le SIRET, composé de quatorze chiffres, identifie chaque établissement : il reprend le SIREN suivi d'un numéro interne de classement de cinq chiffres. Un déménagement d'établissement modifie le SIRET mais jamais le SIREN.

Q140. Qu'est-ce que le code APE ou NAF ?

C'est le code attribué par l'INSEE lors de l'immatriculation, qui identifie l'activité principale exercée selon la nomenclature d'activités française. Composé de quatre chiffres et d'une lettre, il détermine notamment la convention collective présumée applicable et sert de référence statistique. Il n'a toutefois pas de valeur juridique contraignante en matière conventionnelle.

Q141. Qu'est-ce qu'un numéro de TVA intracommunautaire ?

C'est l'identifiant fiscal attribué à toute entreprise assujettie à la TVA dans l'Union européenne. En France, il se compose du code FR, d'une clé informatique à deux caractères et du numéro SIREN. Il doit figurer sur les factures et être vérifié auprès du système VIES avant toute livraison intracommunautaire exonérée.

Q142. Comment rédiger une note de synthèse ?

On identifie la problématique, on sélectionne dans les documents les éléments pertinents, on construit un plan apparent en deux ou trois parties équilibrées, on rédige de manière neutre et objective sans introduire d'éléments extérieurs au corpus, et l'on conclut par une réponse claire à la question posée, sans jugement personnel.

Q143. Quelles sont les qualités d'un écrit professionnel ?

La clarté, obtenue par des phrases courtes et une syntaxe simple ; la précision, par le choix du mot juste et l'absence d'ambiguïté ; la concision, par la suppression du superflu ; la structure, par l'usage de paragraphes thématiques ; et la courtoisie, par un registre de langue adapté au destinataire et à la circonstance.

Q144. Comment adapter le registre de langue à son destinataire ?

Le courrier à une administration ou à un client externe appelle un registre soutenu et des formules complètes. La communication interne accepte un registre courant et des tournures plus directes. Dans tous les cas, on proscrit le langage familier, les abréviations non normalisées et les tournures issues de la messagerie instantanée.

Q145. Comment traiter une demande écrite d'un client mécontent ?

On accuse réception rapidement, on reformule la demande pour montrer qu'elle est comprise, on expose les faits vérifiés sans se justifier ni accuser, on annonce la solution ou le délai de traitement, et l'on conclut par une formule de considération. Le ton reste factuel, jamais défensif ni excessivement contrit.

Q146. Qu'est-ce qu'une lettre de relance et quelles sont ses étapes ?

C'est le courrier par lequel le créancier invite le débiteur à régler une facture échue. La première relance est courtoise et évoque un possible oubli. La deuxième rappelle les conséquences contractuelles. La troisième prend la forme d'une mise en demeure recommandée avec accusé de réception, qui fait courir les intérêts de retard.

Q147. Quelles mentions doivent figurer dans une mise en demeure ?

L'identité complète des parties, le rappel précis de la créance avec les références des factures et leurs dates d'échéance, le montant exact réclamé, la mention expresse « mise en demeure », le délai imparti pour s'exécuter, l'annonce des suites envisagées, la date et la signature. L'envoi recommandé avec accusé de réception est indispensable.

Q148. Comment rédiger un devis conforme ?

Le devis mentionne la date, sa durée de validité, l'identité des parties, le détail des prestations avec les quantités et les prix unitaires hors taxes, le taux et le montant de la TVA, le total toutes taxes comprises, les conditions de règlement et les modalités d'exécution. Signé avec la mention « bon pour accord », il vaut contrat.

Q149. Qu'est-ce qu'un accusé de réception et quand l'utiliser ?

C'est le message par lequel on confirme avoir reçu une demande, en indiquant le délai de traitement prévu et l'interlocuteur en charge. Il s'impose lorsque le traitement ne peut être immédiat, notamment pour les réclamations, les candidatures et les demandes administratives. Il désamorce la relance et sécurise la relation.

Q150. Quelles règles s'appliquent à la diffusion d'informations confidentielles ?

La diffusion se limite aux personnes ayant un besoin d'en connaître, sur un support sécurisé, avec mention explicite du caractère confidentiel. Les documents contenant des données personnelles ou salariales ne circulent jamais en pièce jointe non protégée. Toute transmission externe est validée par le responsable hiérarchique.

Q151. Comment structurer un rapport professionnel ?

Il comprend une page de garde, un sommaire, une introduction posant le contexte et l'objet, un développement structuré en parties et sous-parties numérotées, une conclusion assortie de préconisations, et des annexes numérotées et appelées dans le texte. Les tableaux et graphiques portent un numéro, un titre et l'indication de la source.

Q152. Qu'est-ce qu'une procédure écrite et comment la formaliser ?

Une procédure décrit une suite d'opérations à exécuter pour atteindre un résultat déterminé. Elle indique son objet, son domaine d'application, les acteurs, le déroulement étape par étape, les documents associés, les points de contrôle et la date de mise à jour. Un logigramme facilite la compréhension des enchaînements et des décisions.

Q153. Quels sont les principes d'une communication écrite inclusive

On privilégie les termes épicènes, les formulations englobantes, la double flexion lorsqu'elle reste lisible, et l'on évite les stéréotypes. Le point médian, encore débattu et difficilement lisible par les lecteurs d'écran, est déconseillé dans les documents officiels français. La clarté demeure le critère prioritaire.

Q154. Comment rédiger une demande de documentation à un fournisseur ?

On identifie précisément le besoin, on précise les références ou les caractéristiques techniques recherchées, les quantités envisagées et le délai souhaité, on demande le tarif en vigueur et les conditions de vente, et l'on indique ses coordonnées complètes. La demande reste brève, courtoise et sans engagement contractuel.

Q155. Comment structurer un courriel de transmission de documents ?

L'objet mentionne la nature des pièces et la référence du dossier. Le corps rappelle le contexte en une phrase, énumère les pièces jointes avec leur intitulé exact, précise l'action attendue et le délai, et se termine par une formule de politesse. Les pièces sont nommées de façon explicite avant l'envoi.

Chapitre 6 — Assurer l'accueil d'une structure au quotidien

Q156. Quelles sont les missions de la fonction accueil ?

Recevoir et orienter les visiteurs, traiter les appels téléphoniques, réceptionner le courrier et les livraisons, renseigner sur l'activité de la structure, gérer les salles et le planning des rendez-vous, veiller à la sécurité des accès et transmettre les informations aux services concernés. L'accueil constitue la première image de l'entreprise.

Q157. Quelles sont les étapes d'un accueil physique réussi ?

Établir un contact visuel et saluer dès l'arrivée du visiteur, identifier son besoin par une question ouverte, vérifier son identité et le motif de sa venue, l'informer du délai d'attente, l'installer confortablement, prévenir la personne attendue, puis prendre congé en s'assurant que le visiteur a obtenu satisfaction.

Q158. Comment gérer plusieurs visiteurs simultanément ?

On acquiesce d'un regard aux nouveaux arrivants pour signifier leur prise en compte, on achève l'échange en cours sans le bâcler, puis on traite dans l'ordre d'arrivée en informant chacun du délai. Une file d'attente reconnue et annoncée est mieux supportée qu'une attente silencieuse et indéterminée.

Q159. Que faire face à un visiteur sans rendez-vous ?

On l'accueille avec la même courtoisie, on identifie précisément l'objet de sa demande, on vérifie la disponibilité de l'interlocuteur souhaité sans la présumer, on propose une alternative — attente, rendez-vous ultérieur, réponse par un autre canal — et l'on note la demande afin qu'elle ne se perde pas.

Q160. Comment gérer un visiteur agressif ou mécontent ?

On reste calme, on baisse le ton et le rythme de parole, on laisse s'exprimer sans interrompre, on reformule pour montrer que la demande est entendue, on isole si possible la personne des autres visiteurs, on recentre sur les faits et les solutions, et l'on fait appel à un responsable si la situation ne se désamorce pas.

Q161. Quelles règles s'appliquent au registre des visiteurs ?

Le registre recense les entrées et sorties des personnes extérieures. Il contient des données personnelles et relève donc du RGPD : la collecte doit être limitée aux informations nécessaires, la durée de conservation définie, et le registre non consultable par les visiteurs suivants. Un badge nominatif temporaire complète le dispositif.

Q162. Quelles sont les phases d'un accueil téléphonique structuré ?

La prise de contact avec présentation de la structure et du nom de l'interlocuteur, l'écoute active de la demande, la reformulation, le traitement ou la mise en relation, la validation de la réponse apportée, et la conclusion avec formule de politesse. La règle usuelle est de décrocher avant la troisième sonnerie.

Q163. Quelle formule utiliser au décroché ?

On énonce le nom de l'entreprise, éventuellement le service, puis son prénom ou son nom, suivi d'une formule de salutation et d'une proposition d'aide, par exemple : « Société Martin, bonjour, Claire à l'appareil, que puis-je faire pour vous ? » La formulation doit être audible, articulée et identique pour tous les postes.

Q164. Comment mettre correctement un appel en attente ?

On demande l'accord de l'interlocuteur, on annonce la raison et la durée approximative, on active la fonction d'attente plutôt que de poser le combiné, on reprend l'appel toutes les trente secondes environ pour rassurer, et l'on remercie de la patience au retour. Une attente non annoncée est perçue comme un abandon.

Q165. Comment transférer un appel dans les règles ?

On annonce le transfert et le nom du destinataire à l'appelant, on informe le destinataire de l'identité de l'appelant et de l'objet de son appel avant de basculer la communication, et l'on s'assure que la personne est disponible. En cas d'indisponibilité, on revient vers l'appelant plutôt que de laisser sonner dans le vide.

Q166. Comment prendre efficacement un message téléphonique ?

Le message consigne la date et l'heure de l'appel, le nom et la fonction de l'appelant, sa société, ses coordonnées avec épellation vérifiée, l'objet précis, le degré d'urgence, la suite attendue et l'identité de la personne ayant pris le message. Il est transmis sans délai par un canal fiable et tracé.

Q167. Qu'est-ce que l'écoute active ?

C'est une posture de communication consistant à se rendre pleinement disponible au message de l'interlocuteur, à manifester son attention par des signes verbaux et non verbaux, à ne pas interrompre, à poser des questions ouvertes de clarification et à reformuler pour vérifier la compréhension avant de répondre.

Q168. Qu'est-ce que la reformulation et quelles formes prend-elle ?

La reformulation restitue le message reçu avec ses propres mots pour en valider la compréhension. Elle peut être un écho reprenant le mot clé, un résumé synthétisant les points essentiels, ou une clarification explicitant un sous-entendu. Elle sécurise l'échange et donne à l'interlocuteur le sentiment d'être compris.

Q169. Quelle différence existe entre question ouverte et question fermée ?

La question ouverte, introduite par un mot interrogatif, invite à développer et sert à explorer un besoin. La question fermée appelle une réponse par oui ou non et sert à valider, à confirmer ou à conclure. Un entretien d'accueil commence par des questions ouvertes et se termine par des questions fermées.

Q170. Qu'est-ce que la communication non verbale et quel est son poids ?

Elle regroupe la posture, les gestes, les expressions du visage, le regard, la distance interpersonnelle et l'apparence. Dans un accueil physique, elle est perçue avant le contenu du message et conditionne la première impression. Une posture ouverte, un sourire et un contact visuel franc traduisent la disponibilité.

Q171. Qu'appelle-t-on communication paraverbale ?

C'est la manière dont le message est dit : le débit, le volume, l'intonation, les pauses et l'articulation. Au téléphone, où le non-verbal est absent, elle porte l'essentiel de la relation. Un débit ralenti et une intonation légèrement montante en fin de phrase traduisent l'écoute et la disponibilité.

Q172. Comment gérer la confidentialité à l'accueil ?

On ne divulgue jamais l'agenda, l'adresse personnelle ou les motifs de rendez-vous d'un collaborateur, on ne laisse pas de documents visibles sur le comptoir, on verrouille sa session dès qu'on s'éloigne, on oriente les conversations sensibles vers un espace fermé, et l'on renvoie toute demande d'information à la personne compétente.

Q173. Que faire face à une demande d'information par téléphone sur un salarié ?

On ne confirme jamais la présence, l'absence, l'adresse ou la situation d'un salarié. On propose de transmettre un message ou de mettre en relation si la personne est disponible. Les demandes d'organismes officiels sont redirigées vers le service compétent et font l'objet d'une demande écrite.

Q174. Comment organiser la gestion des salles de réunion ?

On tient un planning partagé de réservation indiquant l'organisateur, l'objet, l'effectif et les besoins matériels, on vérifie la disponibilité des équipements de visioconférence, on prépare la salle en amont, on prévoit une remise en état après usage et l'on libère automatiquement les créneaux non confirmés.

Q175. Comment préparer un déplacement professionnel ?

On recueille les contraintes de dates et d'horaires, on réserve les transports et l'hébergement dans le respect de la politique voyages, on constitue un dossier de déplacement comportant les billets, les confirmations, les plans, les coordonnées des contacts et l'ordre de mission, et l'on anticipe les justificatifs de frais.

Q176. Qu'est-ce qu'un ordre de mission ?

C'est le document par lequel l'employeur autorise un salarié à se déplacer pour les besoins du service, en précisant l'objet, la destination, les dates, le moyen de transport et les conditions de prise en charge des frais. Il sert de preuve du caractère professionnel du déplacement, notamment en cas d'accident de trajet.

Q177. Comment traiter une note de frais ?

On vérifie l'existence d'un ordre de mission, la présence des justificatifs originaux, la conformité aux barèmes et plafonds internes, le rattachement à la bonne période, la récupération éventuelle de TVA, puis on soumet à validation hiérarchique avant transmission pour remboursement et comptabilisation.

Q178. Sur quels frais de déplacement la TVA est-elle récupérable ?

La TVA est récupérable sur les frais d'hôtel engagés pour un tiers mais non pour le personnel de l'entreprise, sur la restauration, sur les péages et sur le gazole à hauteur de la totalité pour les véhicules utilitaires. Elle reste exclue sur les transports de personnes, tels que le train, l'avion et le taxi.

Q179. Comment fonctionne le barème kilométrique ?

Publié annuellement par l'administration fiscale, il permet d'évaluer forfaitairement les frais engagés par un salarié utilisant son véhicule personnel à des fins professionnelles. Il tient compte de la puissance fiscale et de la distance annuelle parcourue. Le remboursement dans la limite du barème est exonéré de cotisations et d'impôt.

Q180. Qu'est-ce que le registre unique du personnel ?

C'est le document obligatoire dans lequel sont inscrits, par ordre chronologique d'embauche et de manière indélébile, tous les salariés de l'établissement avec leurs nom, prénom, nationalité, date de naissance, sexe, emploi, qualification, dates d'entrée et de sortie et type de contrat. Il doit être tenu à disposition de l'inspection du travail.

Q181. Qu'est-ce que la déclaration préalable à l'embauche ?

La DPAE est la formalité obligatoire adressée à l'URSSAF au plus tôt huit jours avant l'embauche et au plus tard dans l'instant qui la précède. Elle regroupe plusieurs déclarations, dont l'immatriculation du salarié et la demande d'affiliation à la médecine du travail. Son absence est lourdement sanctionnée au titre du travail dissimulé.

Q182. Quelles sont les mentions obligatoires d'un contrat de travail à durée déterminée ?

Le CDD doit être écrit et comporter le motif précis du recours, le terme ou la durée minimale, le poste occupé, la convention collective applicable, la durée de la période d'essai, la rémunération, le nom du salarié remplacé le cas échéant, et la caisse de retraite complémentaire. Il doit être transmis dans les deux jours ouvrables suivant l'embauche.

Q183. Quelles sont les principales causes de recours au CDD ?

Le remplacement d'un salarié absent, l'accroissement temporaire d'activité, les emplois à caractère saisonnier, les emplois d'usage constant dans certains secteurs, l'attente de l'entrée en service d'un salarié recruté en contrat à durée indéterminée, et certains contrats aidés. Le CDD ne peut jamais pourvoir durablement un emploi lié à l'activité normale et permanente.

Q184. Qu'est-ce que le document unique d'évaluation des risques professionnels ?

Le DUERP recense l'ensemble des risques identifiés pour la santé et la sécurité des salariés, unité de travail par unité de travail, et les actions de prévention associées. Il est obligatoire dès le premier salarié, mis à jour au moins annuellement et à chaque changement significatif, et tenu à disposition du personnel et des autorités.

Q185. Quelles sont les obligations d'affichage dans l'entreprise ?

Doivent être portés à la connaissance des salariés, par affichage ou par tout moyen, les horaires de travail, les modalités d'accès au règlement intérieur et à la convention collective, les consignes de sécurité et d'évacuation, les coordonnées de l'inspection du travail, de la médecine du travail et des services de secours, ainsi que les informations relatives à la lutte contre les discriminations.

Q186. Comment se prépare une réunion du point de vue logistique ?

On confirme la date et l'effectif, on réserve la salle et le matériel, on prépare et diffuse l'ordre du jour et les documents, on organise la restauration si nécessaire, on vérifie le fonctionnement des équipements de projection et de visioconférence, on prévoit une feuille d'émargement et l'on installe la salle en amont.

Q187. Comment organiser une visioconférence efficace ?

On envoie l'invitation avec le lien, l'ordre du jour et les documents, on teste le matériel avant la séance, on demande la coupure des micros hors prise de parole, on désigne un animateur qui distribue la parole, on utilise le partage d'écran plutôt que les pièces jointes, et l'on rédige un relevé de décisions diffusé le jour même.

Q188. Quelles sont les règles d'usage du téléphone dans un espace partagé ?

On module le volume de la voix, on utilise un casque pour les appels longs, on se déplace vers un espace isolé pour les conversations confidentielles, on paramètre des sonneries discrètes et l'on renvoie les appels vers un collègue ou la messagerie lorsqu'on quitte le poste.

Q189. Comment gérer une absence prolongée du standard ?

On active un message d'accueil actualisé précisant les horaires et un contact de substitution, on paramètre les renvois vers les postes compétents, on informe les partenaires réguliers, et l'on organise un relevé quotidien de la messagerie vocale afin qu'aucune demande ne reste sans réponse.

Q190. Qu'est-ce que la qualité de service à l'accueil ?

C'est la conformité entre le service rendu et les attentes légitimes du public : rapidité de prise en charge, fiabilité de l'information donnée, courtoisie, suivi des demandes et respect des engagements de délai. Elle se mesure par des indicateurs tels que le taux de décroché, la durée d'attente et le taux de demandes traitées au premier contact.

Q191. Comment traiter une réclamation à l'accueil ?

On enregistre la réclamation par écrit, on en accuse réception, on qualifie sa nature et son degré d'urgence, on l'oriente vers le service compétent, on suit son traitement et l'on informe le réclamant de la suite donnée. Une réclamation bien traitée renforce davantage la fidélité qu'une absence d'incident.

Q192. Quelles sont les règles de base de la sécurité incendie à l'accueil ?

Le personnel d'accueil doit connaître l'emplacement des issues de secours, des extincteurs et du point de rassemblement, savoir déclencher l'alarme, disposer de la liste des personnes présentes pour l'appel, et connaître la conduite à tenir en cas d'évacuation. La formation à la sécurité est obligatoire à l'embauche.

Q193. Que faire en cas de malaise d'un visiteur ?

On alerte immédiatement un sauveteur secouriste du travail s'il en existe un, on appelle les secours en composant le 15 ou le 112, on décrit précisément l'état de la personne et l'adresse exacte, on ne déplace pas le blessé sauf danger imminent, et l'on facilite l'accès des secours.

Q194. Comment gérer les livraisons et les coursiers ?

On vérifie la concordance entre le bon de livraison et le bon de commande, on contrôle l'état apparent des colis, on émet des réserves précises et datées sur le bon en cas d'avarie, on fait signer le transporteur, et l'on transmet sans délai le bon de livraison au service comptable pour rapprochement.

Q195. Pourquoi les réserves sur un bon de livraison sont-elles essentielles ?

Sans réserves écrites, précises et confirmées au transporteur par lettre recommandée dans les trois jours ouvrables suivant la réception, le destinataire perd tout recours contre le transporteur. Une réserve générale du type « sous réserve de déballage » est réputée non écrite : elle doit décrire concrètement l'avarie constatée.

Q196. Comment traiter le courrier départ ?

On vérifie la signature, la présence des pièces jointes annoncées, l'exactitude de l'adresse, on choisit le mode d'affranchissement adapté à l'enjeu, on enregistre les envois recommandés, on conserve une copie du pli et l'accusé de dépôt, et l'on respecte l'heure limite de remise au prestataire postal.

Q197. Qu'est-ce que la lettre recommandée électronique ?

C'est l'équivalent numérique de la lettre recommandée, encadré par le règlement eIDAS et le code des postes et des communications électroniques. Envoyée par un prestataire qualifié, elle produit les mêmes effets juridiques que la version papier, avec une preuve de dépôt et de réception horodatée, sous réserve du consentement préalable du destinataire particulier.

Q198. Comment organiser un planning de permanences ?

On identifie les plages à couvrir, on recense les compétences requises, on répartit équitablement en tenant compte des temps partiels et des contraintes personnelles, on prévoit une solution de repli pour chaque créneau, on diffuse le planning suffisamment à l'avance et l'on formalise les modalités d'échange entre collègues.

Q199. Comment accueillir un nouveau collaborateur ?

On prépare son poste, ses accès informatiques, son badge et ses fournitures avant son arrivée, on lui remet un livret d'accueil, on organise une visite des locaux et une présentation des équipes, on planifie les entretiens avec les interlocuteurs clés et l'on désigne un référent pour les premières semaines.

Q200. Qu'est-ce qu'un livret d'accueil ?

C'est le document remis au nouvel arrivant qui présente l'entreprise, son organigramme, ses activités, ses horaires, ses règles de vie, ses consignes de sécurité, ses avantages sociaux et ses interlocuteurs de référence. Il facilite l'intégration et sécurise la transmission d'informations pratiques souvent dispersées.

Q201. Qu'est-ce qu'un organigramme et à quoi sert-il ?

C'est la représentation graphique de la structure hiérarchique et fonctionnelle d'une organisation, faisant apparaître les services, les fonctions et les liens de subordination. Il permet au secrétaire d'orienter correctement les demandes, d'identifier les délégations de signature et de comprendre les circuits de validation.

Q202. Qu'est-ce qu'une délégation de signature ?

C'est l'acte par lequel un dirigeant autorise une personne déterminée à signer certains documents en son nom, dans un domaine et pour un montant précisément définis. Elle doit être écrite, nominative, limitée dans son objet, et portée à la connaissance des tiers concernés. Elle n'exonère pas totalement le délégant de sa responsabilité.

Q203. Quelles sont les règles d'accès aux locaux pour les prestataires extérieurs ?

Les prestataires sont enregistrés, badgés et accompagnés, leurs interventions sont planifiées et tracées. Pour les interventions durables, un plan de prévention écrit est obligatoire lorsque l'opération dépasse quatre cents heures sur douze mois ou comporte des travaux dangereux, conformément au code du travail.

Q204. Comment gérer les objets trouvés dans l'entreprise ?

On enregistre l'objet avec la date, le lieu de découverte et une description précise, on le range dans un espace sécurisé, on informe le personnel par une note, on tient un registre des restitutions avec émargement, et l'on définit une durée au terme de laquelle les objets non réclamés sont remis à une œuvre ou détruits.

Q205. Comment évaluer la satisfaction du public accueilli ?

On peut recourir à un questionnaire court remis après le passage, à une borne de satisfaction, à un appel de suivi ou à l'analyse des réclamations. Les résultats sont exploités par indicateur, comparés dans le temps et suivis d'un plan d'action, faute de quoi la démarche perd toute crédibilité auprès du public.

Q206. Quelles sont les erreurs les plus fréquentes à l'accueil ?

Poursuivre une tâche informatique en parlant au visiteur, faire patienter sans annoncer de délai, transférer un appel sans annoncer l'appelant, promettre un rappel sans le tracer, divulguer une information confidentielle par réflexe de serviabilité, et laisser une demande sans réponse faute de support de suivi.

Q207. Comment articuler accueil et gestion des tâches de fond ?

On réserve les tâches exigeant de la concentration, comme la saisie comptable, aux plages de faible affluence, on utilise des supports permettant l'interruption sans perte d'information, on regroupe les tâches courtes, et l'on prévoit un relais sur le poste d'accueil pour les travaux nécessitant une continuité, notamment les clôtures.

Q208. Quels indicateurs suivre pour piloter l'activité d'accueil ?

Le nombre d'appels reçus et le taux de décroché, la durée moyenne d'attente, le nombre de visiteurs par plage horaire, le taux de résolution au premier contact, le délai moyen de traitement des demandes écrites et le nombre de réclamations. Ces indicateurs alimentent le tableau de bord administratif du bloc 3.

Q209. Comment concilier accueil physique et téléphonique simultanés ?

On privilégie la personne présente physiquement en s'excusant auprès de l'appelant et en lui proposant une attente courte ou un rappel. On paramètre un renvoi vers un poste de secours au-delà d'un nombre de sonneries. La règle interne doit être formalisée pour éviter les arbitrages improvisés au cas par cas.

Q210. Comment traiter une demande urgente arrivant en fin de journée ?

On évalue l'urgence réelle en identifiant l'échéance et les conséquences d'un report, on informe immédiatement le responsable concerné, on traite ce qui peut l'être et l'on formalise par écrit ce qui est reporté, avec l'heure de reprise prévue. Une urgence non tracée devient systématiquement un incident le lendemain.

Partie III — Bloc 2 : Assurer les opérations comptables au quotidien

Chapitre 7 — Les fondamentaux de la comptabilité générale

Q211. Qu'est-ce que la comptabilité générale ?

C'est le système d'organisation de l'information financière qui enregistre, classe et synthétise toutes les opérations affectant le patrimoine et le résultat de l'entreprise. Elle produit des documents normalisés — bilan, compte de résultat et annexe — destinés aux dirigeants, aux associés, à l'administration fiscale, aux banques et aux partenaires commerciaux.

Q212. Quel texte constitue la référence comptable française ?

Le plan comptable général, dans sa version issue du règlement de l'Autorité des normes comptables, complété par les dispositions du code de commerce, notamment les articles L. 123-12 à L. 123-28 et R. 123-172 et suivants. Le règlement ANC n° 2014-03 constitue le corps de règles applicable aux comptes annuels des entreprises commerciales.

Q213. Quels sont les principes comptables fondamentaux ?

La continuité de l'exploitation, l'indépendance des exercices, la permanence des méthodes, le coût historique, la prudence, la non-compensation, l'importance relative, la régularité, la sincérité et l'image fidèle. Ces principes gouvernent tous les traitements comptables et permettent d'arbitrer les situations non expressément prévues par les textes.

Q214. Que signifie le principe de prudence ?

Il impose de tenir compte des risques et des pertes probables dès qu'ils sont connus, même s'ils ne sont pas certains, alors que les produits ne sont enregistrés que lorsqu'ils sont réalisés. Il justifie la constitution de provisions et de dépréciations et interdit d'anticiper un profit latent, afin de ne pas surestimer le patrimoine.

Q215. Que signifie le principe d'indépendance des exercices ?

Chaque exercice ne doit supporter que les charges et produits qui le concernent économiquement, indépendamment de la date de facturation ou de règlement. Il fonde les écritures de régularisation de fin d'exercice : charges à payer, produits à recevoir, charges et produits constatés d'avance, et rattachement des factures non parvenues.

Q216. Qu'est-ce que la partie double ?

C'est le principe selon lequel toute opération est enregistrée simultanément au débit d'un ou plusieurs comptes et au crédit d'un ou plusieurs autres, pour un montant total identique. Elle traduit le fait que toute ressource a un emploi. Le total des débits d'un journal est toujours égal au total des crédits.

Q217. Comment est structuré le plan comptable général ?

Il comporte huit classes. Les classes 1 à 5 sont les comptes de bilan : capitaux, immobilisations, stocks, tiers et financiers. Les classes 6 et 7 sont les comptes de gestion : charges et produits. La classe 8 regroupe les comptes spéciaux, notamment les engagements hors bilan.

Q218. Que contient la classe 1 du plan comptable ?

La classe 1 regroupe les comptes de capitaux : capital social, réserves, report à nouveau, résultat de l'exercice, subventions d'investissement, provisions réglementées, provisions pour risques et charges, et emprunts et dettes assimilées. Ce sont les ressources durables mises à la disposition de l'entreprise.

Q219. Que contient la classe 2 du plan comptable ?

La classe 2 regroupe les immobilisations incorporelles, corporelles et financières, ainsi que les amortissements et dépréciations correspondants. On y trouve notamment le fonds commercial, les logiciels, les constructions, les installations techniques, le matériel de bureau et informatique, le matériel de transport et les dépôts de garantie versés.

Q220. Que contient la classe 4 du plan comptable ?

La classe 4 regroupe les comptes de tiers : fournisseurs en 40, clients en 41, personnel en 42, organismes sociaux en 43, État et collectivités publiques en 44, groupe et associés en 45, débiteurs et créditeurs divers en 46, comptes transitoires en 47 et comptes de régularisation en 48.

Q221. Que contient la classe 5 du plan comptable ?

La classe 5 regroupe les comptes financiers : valeurs mobilières de placement, banques et établissements financiers, caisse, régies d'avance et accréditifs, virements internes et dépréciations des comptes financiers. Le compte 512 enregistre les mouvements bancaires et le compte 530 les mouvements d'espèces.

Q222. À quoi sert le compte 58 virements internes ?

Il sert de compte de passage lors des transferts entre deux comptes de trésorerie, par exemple un retrait d'espèces à la banque pour alimenter la caisse. Il évite d'enregistrer une double opération à des dates différentes et se solde automatiquement lorsque les deux mouvements sont saisis correctement.

Q223. Quelle est la logique de codification des comptes de charges

La classe 6 se subdivise en achats en 60, services extérieurs en 61, autres services extérieurs en 62, impôts et taxes en 63, charges de personnel en 64, autres charges de gestion courante en 65, charges financières en 66, charges exceptionnelles en 67, et dotations aux amortissements et provisions en 68.

Q224. Quelle est la logique de codification des comptes de produits

La classe 7 comprend les ventes en 70, la production stockée en 71, la production immobilisée en 72, les subventions d'exploitation en 74, les autres produits de gestion courante en 75, les produits financiers en 76, les produits exceptionnels en 77 et les reprises sur amortissements et provisions en 78.

Q225. Qu'est-ce qu'un journal comptable ?

C'est le registre dans lequel les opérations sont enregistrées chronologiquement, opération par opération, avec la date, le numéro de pièce, les comptes mouvementés, le libellé et les montants au débit et au crédit. L'article R. 123-173 du code de commerce impose sa tenue sans blanc ni altération.

Q226. Quels sont les journaux auxiliaires usuels ?

Le journal des achats, le journal des ventes, le journal de banque — un par compte bancaire —, le journal de caisse, le journal des opérations diverses et le journal des à-nouveaux. Cette division facilite la saisie, la répartition des tâches et le contrôle, tout en alimentant automatiquement le grand livre.

Q227. Qu'est-ce que le grand livre ?

C'est le document qui reprend, compte par compte, l'ensemble des écritures enregistrées dans les journaux, dans l'ordre chronologique, avec le solde progressif. Il permet d'analyser le détail des mouvements d'un compte donné, notamment pour justifier un solde client ou fournisseur lors d'un contrôle ou d'une révision.

Q228. Qu'est-ce que la balance générale ?

C'est le tableau qui récapitule, pour chaque compte, les totaux des débits, les totaux des crédits et le solde débiteur ou créditeur. Elle constitue le premier outil de contrôle : le total des débits doit être égal au total des crédits, et la somme des soldes débiteurs à celle des soldes créditeurs.

Q229. Quelle différence existe entre balance générale et balance auxiliaire ?

La balance générale présente les comptes du plan comptable, dont les comptes collectifs 401 et 411. La balance auxiliaire détaille ces comptes collectifs tiers par tiers, avec un compte individuel par fournisseur ou par client. Le total de la balance auxiliaire doit toujours correspondre au solde du compte collectif.

Q230. Qu'est-ce que le livre d'inventaire ?

C'est le document qui recense, à la clôture de l'exercice, les éléments d'actif et de passif avec leur quantité et leur valeur. Depuis 2016, son obligation de tenue a été supprimée pour les commerçants par la loi

Sapin, mais le relevé d'inventaire reste nécessaire pour justifier les comptes annuels.

Q231. Qu'est-ce qu'une pièce justificative comptable ?

C'est le document d'origine interne ou externe qui atteste la réalité d'une opération et fonde son enregistrement : facture, note de frais, relevé bancaire, bulletin de paie, contrat, bon de livraison. L'article R. 123-174 du code de commerce impose que chaque écriture s'appuie sur une pièce datée et conservée.

Q232. Que se passe-t-il en l'absence de pièce justificative ?

La charge est réputée non justifiée et peut être réintégrée au résultat fiscal lors d'un contrôle, avec application d'intérêts de retard et de majorations. La TVA correspondante n'est pas déductible. En cas de perte de la facture, il faut solliciter un duplicata auprès du fournisseur, seul document admis.

Q233. Qu'est-ce que le fichier des écritures comptables ?

Le FEC est le fichier informatique normalisé que toute entreprise tenant sa comptabilité de manière informatisée doit remettre à l'administration en cas de vérification, en application de l'article L. 47 A du livre des procédures fiscales. Il comporte dix-huit champs obligatoires et son format est strictement défini par arrêté.

Q234. Quelles sont les conséquences d'un FEC non conforme ?

Le défaut de présentation ou la non-conformité du fichier expose à une amende de cinq mille euros ou, en cas de rectification, à une majoration de dix pour cent des droits mis à la charge du contribuable. Il peut également fonder le rejet de la comptabilité et une évaluation d'office du résultat.

Q235. **Que prévoit la réglementation sur les logiciels de caisse ?**

Les entreprises assujetties à la TVA qui enregistrent les règlements de leurs clients particuliers doivent utiliser un logiciel de caisse satisfaisant aux conditions d'inaltérabilité, de sécurisation, de conservation et d'archivage, attestées par un certificat ou une attestation individuelle de l'éditeur. Le défaut d'attestation est sanctionné par une amende de sept mille cinq cents euros.

Chapitre 8 — Comptabiliser les opérations d'achat

Q236. Quelles sont les mentions obligatoires d'une facture ?

La date d'émission, le numéro séquentiel, l'identité et l'adresse des parties, le numéro SIREN, le numéro de TVA intracommunautaire lorsqu'il est requis, la date de la vente ou de la prestation, la désignation et la quantité des biens ou services, le prix unitaire hors taxes, les réductions, le taux et le montant de TVA, le total à payer et les conditions de règlement.

Q237. Quelles mentions relatives au paiement doivent figurer sur la facture ?

La date d'échéance, le taux des pénalités de retard applicables, et la mention de l'indemnité forfaitaire pour frais de recouvrement de quarante euros due en cas de retard. L'absence de ces mentions est passible d'une amende administrative. Le taux d'escompte pour paiement anticipé doit également être précisé, ou son absence signalée.

Q238. Quels sont les délais de paiement légaux entre professionnels

Le délai supplétif est de trente jours après réception des marchandises ou exécution de la prestation. Le délai convenu ne peut excéder soixante jours à compter de la date d'émission de la facture, ou quarante-cinq jours fin de mois si cette dérogation est expressément stipulée au contrat et ne constitue pas un abus manifeste.

Q239. Qu'est-ce qu'un rabais, une remise et une ristourne ?

Le rabais est une réduction exceptionnelle accordée pour un défaut de qualité ou de conformité. La remise est une réduction habituelle liée à la quantité commandée ou à la qualité du client. La ristourne est une réduction calculée sur le volume d'affaires réalisé sur une période. Ces trois réductions sont dites commerciales.

Q240. Qu'est-ce que l'escompte de règlement ?

C'est une réduction financière accordée au client qui règle avant l'échéance convenue. Elle n'est pas une réduction commerciale : chez le fournisseur, elle est enregistrée en charge financière au compte 665, et chez le client en produit financier au compte 765. Elle est déduite après les réductions commerciales et avant le calcul de la TVA.

Q241. Comment se calcule le net commercial et le net financier ?

On part du prix brut, on déduit successivement les réductions commerciales pour obtenir le net commercial, puis l'escompte pour obtenir le net financier. La TVA se calcule sur le net financier majoré des frais de port et des frais accessoires taxables. On obtient enfin le net à payer toutes taxes comprises.

Q242. Comment comptabilise-t-on une facture d'achat de marchandises ?

On débite le compte 607 achats de marchandises pour le montant hors taxes, on débite le compte 44566 TVA déductible sur autres biens et services, et l'on crédite le compte 401 fournisseurs pour le montant toutes taxes comprises. Le fournisseur est identifié dans le compte auxiliaire correspondant.

Q243. Quelle différence existe entre les comptes 601, 602, 604, 606 et 607 ?

Le 601 enregistre les achats de matières premières, le 602 les autres approvisionnements comme les matières consommables et les emballages, le 604 les achats d'études et prestations de services incorporés directement, le 606 les achats non stockés tels que l'électricité et les fournitures administratives, et le 607 les achats de marchandises revendues en l'état.

Q244. Comment traite-t-on les frais de port sur un achat ?

Lorsqu'ils sont facturés par le fournisseur et intégrés à la facture, ils constituent des frais accessoires d'achat comptabilisés au compte 6081 ou directement dans le compte d'achat concerné. Lorsqu'ils sont facturés séparément par un transporteur, ils sont enregistrés au compte 6241 transports sur achats. La TVA suit le régime du bien transporté.

Q245. Comment comptabilise-t-on une réduction commerciale figurant sur la facture ?

Elle n'est pas comptabilisée séparément : seul le net commercial est enregistré dans le compte d'achat. Les réductions commerciales n'apparaissent en comptabilité que lorsqu'elles sont accordées hors facture, par avoir postérieur, et sont alors portées au crédit du compte 609 rabais, remises et ristournes obtenus sur achats.

Q246. Comment comptabilise-t-on un avoir fournisseur pour retour de marchandises ?

On débite le compte 401 fournisseurs pour le montant toutes taxes comprises, on crédite le compte d'achat concerné pour le montant hors taxes et l'on crédite le compte 44566 pour la TVA. L'écriture est exactement l'inverse de celle de la facture initiale, à hauteur des quantités effectivement retournées.

Q247. Comment comptabilise-t-on un avoir pour réduction commerciale hors facture ?

On débite le compte 401 fournisseurs pour le montant toutes taxes comprises, on crédite le compte 609 rabais, remises et ristournes obtenus sur achats pour le montant hors taxes, et l'on crédite le compte 44566 TVA déductible pour la taxe correspondante. Le compte d'achat initial n'est pas mouvementé.

Q248. Comment comptabilise-t-on un achat d'immobilisation ?

On débite le compte d'immobilisation de la classe 2 correspondant à la nature du bien, on débite le compte 44562 TVA déductible sur immobilisations, et l'on crédite le compte 404 fournisseurs d'immobilisations. Le recours au compte 404, distinct du 401, est impératif pour ne pas fausser les états fournisseurs d'exploitation.

Q249. Quel est le seuil de distinction entre charge et immobilisation

L'administration fiscale admet, par tolérance, l'inscription directe en charges des biens de faible valeur dont le prix unitaire hors taxes n'excède pas cinq cents euros, pour le petit outillage, le mobilier et les logiciels. Au-delà, le bien durable doit être immobilisé et amorti sur sa durée d'utilisation.

Q250. Comment comptabilise-t-on les acomptes versés aux fournisseurs ?

L'acompte sur achat de biens ou de services est enregistré au débit du compte 4091 fournisseurs, avances et acomptes versés sur commandes. Lors de la réception de la facture définitive, ce compte est soldé par le crédit, la différence constituant le solde à régler au fournisseur.

Q251. Comment traiter la TVA sur un acompte versé ?

Pour les prestations de services, la TVA est exigible dès l'encaissement de l'acompte : le fournisseur doit émettre une facture d'acompte mentionnant la TVA, que le client peut déduire immédiatement. Pour les livraisons de biens, la TVA n'est en principe exigible qu'à la livraison, sauf option pour les débits.

Q252. Comment comptabilise-t-on les emballages consignés ?

La consignation d'emballages n'est pas soumise à TVA tant que la restitution est possible. Chez le client, elle est enregistrée au débit du compte 4096 fournisseurs, créances pour emballages et matériels à rendre. En cas de non-restitution, la consignation devient un achat taxable comptabilisé au compte 6026.

Q253. Qu'est-ce qu'une facture non parvenue et comment la traiter

Lorsqu'une livraison ou une prestation est réalisée avant la clôture mais que la facture n'est pas encore reçue, on constate une charge à payer : débit du compte d'achat hors taxes, débit du compte 4458 TVA sur factures non parvenues, crédit du compte 408 fournisseurs, factures non parvenues. L'écriture est contrepassée à l'ouverture.

Q254. Comment comptabilise-t-on une facture d'électricité ou de téléphone ?

L'électricité et le gaz sont enregistrés au compte 6061 fournitures non stockables, l'eau au compte 60612 ou 6061 selon le plan analytique retenu, et les frais de télécommunication au compte 6262. La TVA est déductible dans les conditions de droit commun, sous réserve que la facture soit établie au nom de l'entreprise.

Q255. Comment comptabilise-t-on un loyer et des charges locatives

Le loyer des locaux est enregistré au compte 613 locations, subdivisé en 6132 pour les locations immobilières et 6135 pour les locations mobilières. Les charges locatives refacturées par le bailleur sont portées au compte 614 charges locatives et de copropriété. La TVA n'est déductible que si le bailleur a opté pour l'assujettissement.

Q256. Comment comptabilise-t-on une prime d'assurance ?

Les primes d'assurance sont enregistrées au compte 616. Elles ne sont pas soumises à la TVA mais à la taxe sur les conventions d'assurance, non récupérable, incluse dans le montant de la prime. La part de la prime couvrant un exercice ultérieur fait l'objet d'une charge constatée d'avance à la clôture.

Q257. Comment comptabilise-t-on les honoraires d'un expert-comptable ?

Ils sont enregistrés au débit du compte 6226 honoraires pour le montant hors taxes, avec la TVA déductible au compte 44566 et la contrepartie au crédit du compte 401. Ces honoraires doivent par ailleurs être déclarés annuellement dans la déclaration des honoraires et commissions, désormais intégrée à la déclaration de résultats.

Q258. Quelle est la différence entre les comptes 622 et 628 ?

Le compte 622 enregistre les rémunérations d'intermédiaires et honoraires : commissions, honoraires, frais d'actes et de contentieux. Le compte 628 regroupe les divers services extérieurs non classés ailleurs, notamment les frais de recrutement, les cotisations à des organismes professionnels et les prestations de nettoyage lorsqu'elles ne sont pas ventilées.

Q259. Comment comptabilise-t-on la cotisation foncière des entreprises ?

Elle est enregistrée au débit du compte 63511 contributions foncières, avec pour contrepartie le crédit du compte 447 autres impôts, taxes et versements assimilés ou directement le compte de banque lors du paiement. Elle n'est pas soumise à TVA et constitue une charge déductible du résultat fiscal.

Q260. Comment comptabilise-t-on la taxe sur les véhicules de société ?

Les taxes annuelles sur l'affectation des véhicules à des fins économiques, qui ont remplacé la TVS, sont enregistrées au compte 63514 ou 6354 selon le plan retenu. Elles ne sont pas déductibles du résultat fiscal pour les sociétés soumises à l'impôt sur les sociétés, ce qui impose une réintégration extra-comptable.

Q261. Comment traiter les achats effectués auprès d'un fournisseur intracommunautaire ?

L'acquisition intracommunautaire est facturée hors taxes par le fournisseur si le numéro de TVA du client est valide. L'acquéreur français autoliquide la taxe : il constate simultanément une TVA due au compte 4452 et une TVA déductible au compte 44566, l'opération étant neutre en trésorerie mais devant impérativement figurer sur la déclaration.

Q262. Comment traiter une importation en provenance d'un pays tiers ?

Depuis le 1er janvier 2022, la TVA à l'importation est obligatoirement autoliquidée sur la déclaration de TVA, la gestion étant transférée de la douane à la direction générale des finances publiques. Les montants sont préremplis sur la déclaration à partir des données douanières, mais doivent impérativement être vérifiés par l'entreprise.

Q263. Quels contrôles effectuer avant de comptabiliser une facture d'achat ?

Vérifier l'identité de l'entreprise destinataire, la présence des mentions obligatoires, la concordance avec le bon de commande et le bon de livraison en quantités et en prix, l'exactitude des calculs et du taux de TVA, l'absence de doublon, la validité du numéro de TVA intracommunautaire pour les opérations transfrontalières, et l'autorisation de règlement.

Q264. Qu'est-ce que le rapprochement en trois points ?

C'est le contrôle consistant à confronter systématiquement le bon de commande, le bon de livraison et la facture avant tout paiement. Il garantit que seul ce qui a été commandé, effectivement livré et correctement facturé sera réglé. C'est le principal dispositif de prévention de la fraude aux faux fournisseurs.

Q265. Comment détecter une tentative de fraude au faux fournisseur

Les signaux d'alerte sont une demande de changement de coordonnées bancaires par courriel, une adresse d'expéditeur légèrement modifiée, un caractère d'urgence et de confidentialité, un interlocuteur nouveau, et un IBAN étranger sans lien avec l'activité. Tout changement de RIB doit être vérifié par rappel au numéro connu du fournisseur.

Chapitre 9 — Comptabiliser les opérations de vente

Q266. Comment comptabilise-t-on une facture de vente de marchandises ?

On débite le compte 411 clients pour le montant toutes taxes comprises, on crédite le compte 707 ventes de marchandises pour le montant hors taxes, et l'on crédite le compte 44571 TVA collectée. Le client est identifié par un compte auxiliaire alimentant la balance âgée et le suivi du recouvrement.

Q267. Quelle différence existe entre les comptes 701, 706 et 707 ?

Le compte 701 enregistre les ventes de produits finis issus de la production de l'entreprise, le compte 706 les prestations de services, et le compte 707 les ventes de marchandises revendues en l'état sans transformation. Le choix du compte détermine la présentation du compte de résultat et le calcul des marges.

Q268. Comment comptabilise-t-on une facture d'avoir client pour retour ?

On débite le compte de vente concerné pour le montant hors taxes, on débite le compte 44571 TVA collectée, et l'on crédite le compte 411 clients pour le montant toutes taxes comprises. L'avoir doit porter un numéro séquentiel propre et faire référence à la facture initiale rectifiée.

Q269. Comment comptabilise-t-on une réduction commerciale accordée hors facture ?

On débite le compte 709 rabais, remises et ristournes accordés par l'entreprise pour le montant hors taxes, on débite le compte 44571 TVA collectée, et l'on crédite le compte 411 clients. Le compte 709 est un compte de produit à solde débiteur, présenté en diminution du chiffre d'affaires.

Q270. Quel est le traitement de l'escompte accordé à un client ?

L'escompte pour paiement anticipé accordé au client est une charge financière pour l'entreprise, comptabilisée au débit du compte 665 escomptes accordés. Lorsqu'il figure sur la facture initiale, il diminue la base de calcul de la TVA. Accordé postérieurement, il donne lieu à un avoir avec régularisation de la TVA collectée.

Q271. Comment comptabilise-t-on un acompte reçu d'un client ?

On débite le compte de banque et l'on crédite le compte 4191 clients, avances et acomptes reçus sur commandes, ainsi que le compte 44571 pour la TVA lorsqu'elle est exigible sur l'encaissement. Lors de la facturation définitive, le compte 4191 est soldé par le débit et la TVA déjà déclarée déduite.

Q272. Comment comptabilise-t-on une vente avec des frais de port facturés ?

Les frais de port facturés au client sont enregistrés au crédit du compte 7085 ports et frais accessoires facturés, ou intégrés au compte de vente s'ils constituent un élément indissociable du prix. Ils sont soumis à la

TVA au même taux que le bien vendu, en application du principe d'unicité de la prestation.

Q273. Quel est le fait générateur de la TVA sur les livraisons de biens

Le fait générateur intervient au moment de la délivrance du bien, c'est-à-dire lors du transfert du pouvoir de disposer du bien comme un propriétaire. L'exigibilité coïncide avec le fait générateur. La TVA est donc due au titre du mois de la livraison, indépendamment de la date de règlement.

Q274. Quel est le fait générateur de la TVA sur les prestations de services ?

Le fait générateur est l'achèvement de la prestation, mais l'exigibilité intervient lors de l'encaissement du prix ou des acomptes. Le prestataire peut toutefois opter pour le paiement de la TVA d'après les débits, ce qui rend la taxe exigible dès la facturation, sous réserve d'en porter la mention sur ses factures.

Q275. Quels sont les taux de TVA applicables en France métropolitaine ?

Le taux normal est de vingt pour cent, le taux réduit de dix pour cent s'applique notamment à la restauration, aux transports de voyageurs et à certains travaux de rénovation, le taux réduit de cinq virgule cinq pour cent aux produits alimentaires, aux livres et à l'énergie, et le taux particulier de deux virgule un pour cent à la presse et aux médicaments remboursables.

Q276. Comment calcule-t-on un montant hors taxes à partir d'un montant TTC ?

On divise le montant toutes taxes comprises par un coefficient égal à un plus le taux. Pour vingt pour cent, on divise par un virgule vingt. Le coefficient de conversion inverse, dit coefficient de conversion, vaut zéro virgule huit trois trois trois pour le taux normal, mais son emploi introduit des arrondis à éviter en comptabilité.

Q277. Comment gérer les arrondis de TVA sur une facture ?

La TVA est calculée globalement par taux sur la base hors taxes totale, et non ligne par ligne, afin d'éviter les écarts cumulés. Le résultat est arrondi au centime le plus proche. Sur la déclaration de TVA, les montants sont en revanche arrondis à l'euro le plus proche, les fractions inférieures à cinquante centimes étant négligées.

Q278. Comment comptabilise-t-on une vente à un client de l'Union européenne ?

La livraison intracommunautaire est exonérée de TVA française si le client fournit un numéro de TVA intracommunautaire valide et si le transport hors de France est prouvé. On crédite le compte 707 sans TVA, en utilisant un compte de vente dédié pour faciliter la ventilation sur la déclaration et l'état récapitulatif.

Q279. Qu'est-ce que l'état récapitulatif TVA et l'enquête statistique EMEBI ?

Depuis 2022, l'ancienne déclaration d'échanges de biens a été scindée en deux : l'état récapitulatif TVA, obligation fiscale recensant les livraisons intracommunautaires par client, et l'enquête statistique EMEBI, obligation statistique menée auprès des entreprises désignées par l'INSEE. Les deux se transmettent via le portail douanier.

Q280. **Comment comptabilise-t-on une exportation hors Union européenne ?**

L'exportation est exonérée de TVA sous réserve de justifier la sortie effective du territoire par le document administratif unique visé par la douane. La vente est enregistrée hors taxes sur un compte de vente à l'exportation dédié. Le montant est reporté dans la rubrique des exportations de la déclaration de TVA.

Q281. **Qu'est-ce que l'autoliquidation dans le bâtiment ?**

Lorsqu'un sous-traitant réalise des travaux de bâtiment pour le compte d'un donneur d'ordre assujetti, il facture hors taxes avec la mention « autoliquidation ». C'est le donneur d'ordre qui déclare et déduit simultanément la TVA. Le mécanisme vise à lutter contre la fraude par disparition du sous-traitant après encaissement de la taxe.

Q282. **Quelles mentions porter sur une facture exonérée ou autoliquidée ?**

La facture doit indiquer explicitement le fondement de l'absence de TVA : « exonération de TVA, article 262 ter I du CGI » pour une livraison intracommunautaire, « exonération de TVA, article 262 I du CGI » pour une exportation, ou « autoliquidation » pour les prestations relevant de ce mécanisme. L'absence de mention peut faire perdre le bénéfice de l'exonération.

Q283. Comment traite-t-on la franchise en base de TVA ?

L'entreprise placée sous le régime de la franchise en base ne facture pas de TVA et ne la déduit pas. Ses factures portent la mention « TVA non applicable, article 293 B du CGI ». Le dépassement des seuils entraîne l'assujettissement, avec des règles de tolérance et de rétroactivité qu'il convient de vérifier chaque année.

Q284. Comment comptabilise-t-on une créance devenue douteuse ?

On transfère la créance du compte 411 clients au compte 416 clients douteux ou litigieux pour son montant toutes taxes comprises, puis on constitue une dépréciation par le débit du compte 68174 et le crédit du compte 491, calculée sur le montant hors taxes de la perte probable.

Q285. Comment comptabilise-t-on une créance définitivement irrécouvrable ?

On débite le compte 654 pertes sur créances irrécouvrables pour le montant hors taxes, on débite le compte 44571 pour récupérer la TVA collectée si les conditions sont réunies, et l'on crédite le compte 416. La dépréciation antérieurement constituée est reprise par le crédit du compte 78174.

Q286. À quelles conditions peut-on récupérer la TVA sur une créance impayée ?

La récupération suppose que la créance soit définitivement irrécouvrable, ce qui est établi par un certificat d'irrécouvrabilité du mandataire judiciaire en cas de liquidation, ou par la preuve de démarches infructueuses de recouvrement. Une facture rectificative doit être adressée au client, portant la mention de la TVA non déductible.

Chapitre 10 — Trésorerie, banque et règlements

Q287. Quels sont les principaux moyens de paiement utilisés en entreprise ?

Le virement, le prélèvement, le chèque, la carte bancaire, la lettre de change relevé, le billet à ordre et les espèces. Le virement SEPA est devenu le moyen dominant en raison de sa rapidité, de sa traçabilité et de son faible coût. Les espèces sont plafonnées à mille euros entre un professionnel et un particulier résident.

Q288. Qu'est-ce qu'un virement SEPA ?

C'est un transfert de fonds en euros au sein de l'espace unique de paiement en euros, exécuté sur la base de l'IBAN du bénéficiaire. Le SEPA regroupe les États de l'Union européenne et plusieurs pays associés. Le virement instantané permet un transfert en moins de dix secondes, disponible en permanence.

Q289. Qu'est-ce qu'un mandat de prélèvement SEPA ?

C'est l'autorisation donnée par le débiteur au créancier de prélever son compte, et à sa banque de débiter ce compte. Il comporte une référence unique de mandat, l'identifiant créancier SEPA et la signature du débiteur. Le mandat devient caduc après trente-six mois sans prélèvement et doit être conservé par le créancier.

Q290. Quels sont les délais de contestation d'un prélèvement SEPA

Un prélèvement autorisé peut être contesté sans motif dans un délai de huit semaines à compter du débit. Un prélèvement non autorisé, faute de mandat valide, peut être contesté pendant treize mois. Ces délais imposent au créancier une conservation rigoureuse des mandats signés.

Q291. Quelles sont les mentions obligatoires d'un chèque ?

La dénomination de chèque, le mandat pur et simple de payer une somme déterminée, le nom du tiré, le lieu de paiement, la date et le lieu de création, et la signature du tireur. La somme doit figurer en chiffres et en lettres ; en cas de divergence, la somme en lettres prévaut.

Q292. Quelle est la durée de validité d'un chèque en France ?

Un chèque émis et payable en France doit être présenté au paiement dans un délai de huit jours, mais la banque le paie au-delà. La provision reste due pendant un an et huit jours à compter de l'expiration du délai de présentation, soit une validité pratique d'un an et huit jours.

Q293. Qu'est-ce qu'un chèque sans provision et quelles en sont les conséquences ?

C'est un chèque dont le compte du tireur ne permet pas le paiement. La banque adresse une lettre d'injonction, inscrit l'incident au fichier central des chèques de la Banque de France et interdit l'émission de chèques pendant cinq ans, sauf régularisation. Le bénéficiaire peut obtenir un certificat de non-paiement valant titre exécutoire.

Q294. Qu'est-ce qu'une lettre de change relevé ?

C'est un effet de commerce par lequel le tireur, généralement le fournisseur, donne l'ordre au tiré, le client, de payer une somme à une échéance déterminée. Sous forme magnétique, elle est transmise à la banque sans support papier. Elle peut être escomptée avant l'échéance pour obtenir un financement à court terme.

Q295. Comment comptabilise-t-on une lettre de change à recevoir ?

Chez le fournisseur, on débite le compte 413 clients, effets à recevoir et l'on crédite le compte 411 clients. À l'échéance, l'encaissement est enregistré par le débit du compte de banque, le débit des frais et de la TVA sur frais, et le crédit du compte 413.

Q296. Qu'est-ce que l'escompte commercial d'effets ?

C'est l'opération par laquelle la banque avance à l'entreprise le montant d'un effet non échu, moyennant des agios. On débite le compte 5114 effets à l'escompte lors de la remise, puis, à la réception de l'avis de crédit, on débite la banque et les comptes 661 et 627 pour les intérêts et commissions.

Q297. Quelle différence existe entre l'escompte et l'affacturage ?

L'escompte porte sur un effet de commerce isolé et laisse le risque d'impayé à la charge de l'entreprise en cas de recours. L'affacturage consiste à céder l'ensemble d'un poste clients à une société d'affacturage qui assure le financement, la gestion du recouvrement et, selon le contrat, la garantie du risque d'impayé.

Q298. Qu'est-ce que la mobilisation Dailly ?

C'est la cession ou le nantissement de créances professionnelles à un établissement de crédit par simple bordereau, en application de la loi Dailly. Elle permet d'obtenir un financement sur des créances non matérialisées par un effet de commerce. Elle suppose la notification au débiteur cédé pour lui être opposable.

Q299. Comment comptabilise-t-on les frais bancaires ?

Les commissions et frais de tenue de compte sont enregistrés au débit du compte 627 services bancaires et assimilés, avec la TVA déductible correspondante lorsqu'elle est facturée. Les intérêts débiteurs et agios sur découvert relèvent du compte 6616 intérêts bancaires et sur opérations de financement, exonérés de TVA.

Q300. Qu'est-ce qu'un rapprochement bancaire ?

C'est le contrôle périodique consistant à justifier l'écart entre le solde du compte 512 en comptabilité et le solde figurant sur le relevé bancaire, en identifiant les opérations enregistrées d'un côté et non de l'autre. Il permet de détecter les oublis, les erreurs de saisie, les doublons et les prélèvements non autorisés.

Q301. Quelles sont les étapes d'un rapprochement bancaire ?

Pointer les opérations communes au grand livre et au relevé, identifier les écritures comptabilisées non encore parvenues à la banque, identifier les opérations bancaires non comptabilisées, établir l'état de rapprochement présentant les deux soldes réconciliés, puis passer les écritures de régularisation correspondant aux opérations bancaires manquantes.

Q302. Quelles opérations figurent habituellement en suspens lors d'un rapprochement ?

Les chèques émis non encore présentés à l'encaissement, les remises de chèques déposées en fin de mois non encore créditées, les virements en cours d'exécution, les frais et agios prélevés par la banque non encore enregistrés, les effets domiciliés arrivés à échéance et les prélèvements automatiques non saisis.

Q303. Que faire lorsqu'un chèque émis reste longtemps non encaissé ?

On vérifie auprès du bénéficiaire qu'il l'a bien reçu, on contrôle qu'il n'a pas été égaré, et l'on envisage l'opposition pour perte suivie d'un réémission. À l'expiration du délai de prescription, le chèque non encaissé est annulé comptablement par une écriture inverse, sans que la dette envers le créancier disparaisse pour autant.

Q304. Comment comptabilise-t-on les opérations de caisse ?

Les mouvements d'espèces sont enregistrés au compte 530 caisse, à partir d'un brouillard de caisse tenu chronologiquement et justifié par des pièces. Le compte 530 ne peut jamais présenter un solde créditeur, ce qui traduirait une caisse négative, situation matériellement impossible et signal d'alerte majeur en cas de contrôle.

Q305. Quelles sont les règles de contrôle de la caisse ?

La caisse doit faire l'objet d'un comptage physique périodique, formalisé par un procès-verbal daté et signé, et rapproché du solde comptable. Tout écart est justifié et enregistré au compte 658 ou 758 selon son sens.

La séparation entre le détenteur des espèces et le comptable renforce le contrôle interne.

Q306. Qu'est-ce que le lettrage des comptes de tiers ?

C'est l'opération qui consiste à associer, par un même code, une facture et son règlement dans un compte client ou fournisseur. Le lettrage permet d'isoler les écritures non soldées et de constituer une balance âgée fiable. Un compte correctement lettré ne laisse apparaître que les opérations réellement en attente.

Q307. Qu'est-ce qu'une balance âgée ?

C'est l'état qui ventile les soldes clients ou fournisseurs par tranche d'antériorité : non échu, échu depuis moins de trente jours, de trente à soixante jours, et au-delà. Elle constitue l'outil de pilotage du recouvrement et sert de base à l'appréciation du risque d'impayé lors des travaux de clôture.

Q308. Comment se calcule le délai moyen de règlement clients ?

On divise le solde du poste clients toutes taxes comprises par le chiffre d'affaires toutes taxes comprises de la période, puis on multiplie par le nombre de jours de cette période. Le ratio exprime le nombre de jours de chiffre d'affaires immobilisés dans les créances clients et se compare aux conditions contractuelles accordées.

Q309. Comment organiser une procédure de relance clients ?

On définit un calendrier gradué : relance téléphonique ou courriel à échéance plus sept jours, lettre simple à quinze jours, lettre recommandée valant mise en demeure à trente jours, puis transmission au service contentieux ou à un cabinet de recouvrement. Chaque action est tracée dans le dossier client avec sa date et sa réponse.

Q310. Quelles pénalités de retard sont applicables entre professionnels ?

Le taux d'intérêt des pénalités ne peut être inférieur à trois fois le taux d'intérêt légal ; à défaut de stipulation contractuelle, il correspond au taux directeur de la Banque centrale européenne majoré de dix points. S'y ajoute une indemnité forfaitaire de quarante euros pour frais de recouvrement, due de plein droit.

Q311. Qu'est-ce qu'une injonction de payer ?

C'est une procédure judiciaire simplifiée et non contradictoire permettant d'obtenir rapidement un titre exécutoire pour une créance contractuelle certaine, liquide et exigible. La requête est déposée devant le tribunal de commerce pour les créances entre commerçants. Le débiteur dispose d'un mois pour former opposition après signification.

Q312. Qu'est-ce que le référé provision ?

C'est une procédure d'urgence permettant d'obtenir du juge le paiement d'une provision lorsque l'obligation n'est pas sérieusement contestable. Contradictoire, plus rapide qu'une procédure au fond, elle est particulièrement adaptée aux créances commerciales impayées dont le principe n'est pas discuté par le débiteur.

Q313. Quelles sont les prescriptions applicables aux créances commerciales ?

L'action entre commerçants ou entre commerçants et non-commerçants se prescrit par cinq ans, en application de l'article L. 110-4 du code de commerce. L'action d'un professionnel pour les biens ou services fournis à un consommateur se prescrit par deux ans. Une reconnaissance de dette ou un acte de poursuite interrompt la prescription.

Q314. Comment sécuriser l'ouverture d'un compte client ?

On vérifie l'existence juridique de l'entreprise et son immatriculation, on consulte les comptes annuels déposés et l'absence de procédure collective, on demande un extrait d'immatriculation récent, on fixe un plafond d'encours, on définit les conditions de règlement par écrit et l'on souscrit éventuellement une assurance-crédit.

Q315. Qu'est-ce qu'une clause de réserve de propriété ?

C'est la clause par laquelle le vendeur conserve la propriété des biens vendus jusqu'au paiement intégral du prix. Elle doit être convenue par écrit au plus tard au moment de la livraison et acceptée par l'acheteur. Elle permet de revendiquer les marchandises non payées en cas de procédure collective du client.

Q316. Comment déclarer une créance dans une procédure collective

Le créancier dispose de deux mois à compter de la publication du jugement d'ouverture au BODACC pour déclarer sa créance auprès du mandataire judiciaire, par tout moyen établissant une date certaine. La déclaration indique le montant en principal, les intérêts, les sûretés et joint les pièces justificatives. Passé ce délai, la créance est inopposable.

Q317. Comment comptabilise-t-on un emprunt bancaire ?

À la mise à disposition des fonds, on débite le compte de banque et l'on crédite le compte 164 emprunts auprès des établissements de crédit. Chaque échéance se décompose en remboursement de capital, qui débite le compte 164, et en intérêts, qui débitent le compte 6611, la contrepartie étant le crédit de la banque.

Q318. Qu'est-ce qu'un tableau d'amortissement d'emprunt ?

C'est l'échéancier qui décompose chaque échéance en capital remboursé et en intérêts, en indiquant le capital restant dû après chaque versement. Il est indispensable pour ventiler correctement les écritures, pour calculer la part de l'emprunt à moins d'un an au bilan et pour anticiper la charge financière annuelle.

Q319. Comment comptabilise-t-on un contrat de crédit-bail ?

En comptabilité française, le bien n'est pas inscrit à l'actif : les redevances sont enregistrées au débit du compte 612 redevances de crédit-bail, avec la TVA déductible. À la levée d'option, le bien entre à l'actif pour le prix de rachat et est amorti sur sa durée résiduelle d'utilisation.

Q320. Comment sécuriser l'exécution des virements fournisseurs ?

On sépare la saisie du virement de sa validation, on impose une double signature au-delà d'un seuil défini, on vérifie l'IBAN à partir de la fiche fournisseur validée et non de la facture reçue, on contrôle le montant par rapport au bon à payer, et l'on conserve l'accusé d'exécution comme pièce justificative.

Chapitre 11 — Gestion commerciale, stocks et contrôle des opérations

Q321. Quelles sont les étapes du cycle achat en gestion commerciale

L'expression du besoin, la consultation des fournisseurs et la comparaison des offres, l'émission du bon de commande, la réception des marchandises avec contrôle qualitatif et quantitatif, l'enregistrement du bon de livraison, la réception et le contrôle de la facture, la validation du bon à payer, le règlement puis l'archivage des pièces.

Q322. Quelles sont les étapes du cycle vente en gestion commerciale

L'émission du devis, la réception de la commande client, la vérification de la solvabilité et de l'encours, la préparation et l'expédition avec bon de livraison, la facturation, l'enregistrement comptable, le suivi de l'encaissement, la relance en cas de retard et enfin le lettrage du compte client.

Q323. Quelle est la valeur juridique d'un bon de commande ?

Le bon de commande émis par l'acheteur constitue une offre d'achat. Son acceptation par le fournisseur, expresse ou tacite par l'exécution, forme le contrat. Il fixe les quantités, les prix, les délais et les conditions générales applicables. En cas de litige, il constitue la pièce déterminante pour établir le contenu de l'accord.

Q324. Que sont les conditions générales de vente ?

Ce sont les règles contractuelles unilatéralement établies par le vendeur, qui constituent le socle unique de la négociation commerciale entre professionnels. Elles précisent les conditions de vente, le barème des prix unitaires, les réductions, les conditions de règlement, les pénalités de retard, les garanties et la clause attributive de compétence.

Q325. Qu'est-ce qu'un inventaire physique ?

C'est le dénombrement effectif, au moins une fois par exercice, de tous les éléments en stock, avec relevé des quantités et évaluation. Il est obligatoire en application de l'article L. 123-12 du code de commerce. Il donne lieu à un état signé, conservé comme pièce justificative des comptes annuels.

Q326. Quelle différence existe entre inventaire intermittent et permanent ?

L'inventaire intermittent ne constate les stocks qu'en fin d'exercice, les achats étant enregistrés directement en charges. L'inventaire permanent suit en continu les entrées et sorties en quantité et en valeur, permettant de connaître à tout moment l'état du stock. La comptabilité générale française retient l'inventaire intermittent.

Q327. Comment comptabilise-t-on la variation de stock de marchandises ?

On annule le stock initial en débitant le compte 6037 variation des stocks de marchandises et en créditant le compte 37. On constate ensuite le stock final en débitant le compte 37 et en créditant le compte 6037. Le solde du compte 6037 exprime la variation, positive ou négative, sur l'exercice.

Q328. Quelles méthodes de valorisation des stocks sont admises ?

Le plan comptable général admet le coût unitaire moyen pondéré, calculé après chaque entrée ou en fin de période, et la méthode du premier entré premier sorti. La méthode du dernier entré premier sorti est interdite en France. La méthode retenue doit être appliquée de manière permanente d'un exercice à l'autre.

Q329. Comment se calcule le coût d'acquisition d'un stock ?

Il comprend le prix d'achat net des rabais, remises et ristournes obtenus et des escomptes de règlement, majoré des droits de douane, des taxes non récupérables et de tous les frais directement attribuables à l'acquisition : transport, manutention, assurance sur transport et frais de mise en état d'utilisation.

Q330. Comment déprécie-t-on un stock ?

Lorsque la valeur actuelle du stock, correspondant au prix de vente probable diminué des frais de commercialisation, devient inférieure à son coût d'entrée, on constate une dépréciation par le débit du compte 68173 et le crédit du compte 397 pour les marchandises. La dépréciation est ajustée à chaque clôture.

Q331. Qu'est-ce que le seuil de réapprovisionnement ?

C'est le niveau de stock à partir duquel une commande doit être déclenchée pour éviter la rupture. Il se calcule en multipliant la consommation moyenne journalière par le délai de livraison, augmenté d'un stock de sécurité couvrant les aléas de consommation et de délai. Il est paramétré dans le logiciel de gestion commerciale.

Q332. Comment se calcule le taux de rotation des stocks ?

On divise le coût d'achat des marchandises vendues par le stock moyen valorisé au même coût. Le résultat exprime le nombre de fois où le stock se renouvelle sur la période. Sa réciproque, multipliée par le nombre de jours, donne la durée moyenne de stockage, indicateur clé du besoin en fonds de roulement.

Q333. Qu'est-ce que la méthode ABC appliquée aux stocks ?

Elle classe les références en trois catégories selon leur poids dans la valeur totale : la catégorie A regroupe environ vingt pour cent des références représentant quatre-vingts pour cent de la valeur, la catégorie B une part intermédiaire, la catégorie C le reste. Les contrôles et les inventaires sont modulés selon la catégorie.

Q334. Quelles sont les conditions générales de déductibilité de la TVA ?

La TVA doit être mentionnée sur une facture régulière établie au nom de l'entreprise, avoir été exigible chez le fournisseur, se rapporter à un bien ou service utilisé pour les besoins d'opérations ouvrant droit à déduction, et ne pas tomber sous un cas d'exclusion légale. La déduction s'exerce au titre du mois où elle devient exigible.

Q335. Quelles dépenses sont exclues du droit à déduction de la TVA

Les véhicules de tourisme et leurs frais d'entretien, les dépenses de logement engagées au profit des dirigeants ou du personnel, les cadeaux dont la valeur unitaire dépasse soixante-treize euros toutes taxes comprises, les biens cédés sans rémunération, les transports de personnes et les produits pétroliers pour partie selon leur nature.

Q336. Quel est le régime de déduction de la TVA sur les carburants

La TVA sur le gazole et le superéthanol E85 est déductible à hauteur de quatre-vingts pour cent pour les véhicules de tourisme et de cent pour cent pour les véhicules utilitaires. Depuis 2022, l'essence bénéficie du même régime que le gazole. Les carburants pour engins et matériels suivent leur affectation.

Q337. Qu'est-ce que le coefficient de déduction de la TVA ?

C'est le produit de trois coefficients : le coefficient d'assujettissement, qui mesure l'utilisation du bien pour des opérations dans le champ de la TVA, le coefficient de taxation, qui traduit la proportion d'opérations ouvrant droit à déduction, et le coefficient d'admission, qui traduit les exclusions légales. Le résultat est arrondi au centième supérieur.

Q338. Qu'est-ce que le droit à déduction omis et comment le régulariser ?

Une TVA déductible non déclarée dans les délais peut être régularisée jusqu'au 31 décembre de la deuxième année suivant celle de l'omission. Elle est portée sur une ligne dédiée de la déclaration, avec mention explicite dans le cadre des observations, en précisant la période d'origine et la nature de l'omission.

Q339. Qu'appelle-t-on TVA sur les débits et TVA sur les encaissements ?

La TVA sur les débits rend la taxe exigible dès la facturation, régime de droit commun pour les livraisons de biens et optionnel pour les services. La TVA sur les encaissements la rend exigible au paiement, régime de droit commun pour les prestations de services. Le régime détermine la période de déclaration.

Q340. Comment paramétrer correctement un logiciel de comptabilité ?

On définit l'exercice comptable et sa période, on importe ou adapte le plan comptable, on crée les journaux et leurs comptes de contrepartie, on paramètre les taux et comptes de TVA, on crée les comptes auxiliaires tiers avec leurs conditions de règlement, on définit les modèles d'écriture récurrents et l'on configure les droits d'accès.

Q341. Qu'est-ce qu'un modèle d'écriture ou une écriture type ?

C'est un schéma préenregistré associant des comptes, un journal et un libellé à une opération répétitive, dans lequel seuls les montants et la date restent à saisir. Il accélère la saisie, réduit les erreurs d'imputation et garantit l'homogénéité des libellés, ce qui facilite les recherches et la révision.

Q342. Qu'est-ce que la validation ou clôture d'un journal ?

C'est l'opération qui rend les écritures définitives et non modifiables, conformément à l'exigence d'irréversibilité des enregistrements. Après validation, toute correction s'effectue par une écriture d'extourne ou une contrepassation, jamais par modification directe. La validation doit intervenir dans un délai raisonnable après la saisie.

Q343. Comment corrige-t-on une écriture erronée déjà validée ?

On passe une écriture de contrepassation reprenant les mêmes comptes avec des sens inversés, puis on saisit l'écriture correcte. Le libellé doit mentionner explicitement la référence de l'écriture annulée et le motif. Cette méthode préserve la traçabilité complète, exigée en cas de contrôle de la comptabilité informatisée.

Q344. Quels contrôles quotidiens le secrétaire comptable doit-il effectuer ?

Vérifier l'équilibre des écritures saisies, contrôler la cohérence des comptes de TVA avec les bases hors taxes, rapprocher les remises en banque des encaissements enregistrés, s'assurer qu'aucun compte de trésorerie ne présente un solde anormal, et vérifier l'absence de doublons de factures fournisseurs par le numéro et le montant.

Q345. Quels contrôles mensuels sont indispensables ?

Le rapprochement bancaire de chaque compte, le lettrage des comptes clients et fournisseurs, l'analyse de la balance âgée, le contrôle de cohérence TVA collectée sur chiffre d'affaires, la vérification des comptes d'attente qui doivent être soldés, le contrôle du compte de caisse et l'édition de la balance générale pour analyse.

Q346. Qu'est-ce qu'un compte d'attente et comment le traiter ?

Le compte 471 permet d'enregistrer temporairement une opération dont l'imputation définitive n'est pas déterminée. Il doit être analysé et soldé au plus tard à la clôture de l'exercice. Un compte d'attente laissé ouvert est un signal d'alerte majeur pour un réviseur, car il traduit un défaut de justification.

Q347. Qu'est-ce que le contrôle interne comptable ?

C'est l'ensemble des dispositifs mis en place pour garantir la fiabilité de l'information financière, la protection du patrimoine, le respect des règles et l'efficacité des opérations. Il repose sur la séparation des tâches, l'existence d'autorisations formalisées, la traçabilité des opérations et le contrôle réciproque des enregistrements.

Q348. Qu'appelle-t-on séparation des fonctions incompatibles ?

C'est le principe selon lequel une même personne ne doit pas cumuler l'autorisation d'une opération, sa réalisation, sa comptabilisation et son contrôle. En pratique, celui qui saisit les factures fournisseurs ne doit pas détenir seul le pouvoir de valider les virements. En petite structure, une validation hiérarchique compense l'impossibilité de séparer.

Q349. Quelles sont les principales fraudes internes en comptabilité ?

La création de fournisseurs fictifs, la modification de coordonnées bancaires, le double paiement volontaire d'une même facture, le détournement d'encaissements en espèces, la manipulation des notes de frais, et le lettrage abusif masquant une créance détournée. La rotation des tâches et les contrôles inopinés en constituent la meilleure prévention.

Q350. Qu'est-ce que la comptabilité analytique ?

C'est un système d'analyse des coûts, non obligatoire, qui ventile les charges par produit, par activité, par service ou par chantier, afin de calculer des coûts de revient et des marges. Elle éclaire les décisions de tarification et de gestion, alors que la comptabilité générale répond à une obligation légale.

Q351. Qu'est-ce qu'une section analytique ?

C'est une division de l'entreprise à laquelle on affecte des charges pour en mesurer le coût : un atelier, un magasin, un chantier, un service ou un produit. Le logiciel comptable permet d'associer un code analytique à chaque ligne d'écriture, sans modifier l'imputation en comptabilité générale.

Q352. Quelle différence existe entre charges directes et indirectes ?

Les charges directes sont affectables sans ambiguïté à un produit ou à une activité, comme la matière première consommée. Les charges indirectes concernent plusieurs objets de coût et nécessitent une clé de répartition, comme le loyer ou l'électricité. La pertinence de la clé conditionne la fiabilité du coût de revient.

Q353. Comment se calcule une marge commerciale ?

La marge commerciale est égale aux ventes de marchandises diminuées du coût d'achat des marchandises vendues, ce dernier correspondant aux achats de marchandises corrigés de la variation de stock. Le taux de marque rapporte la marge au prix de vente, tandis que le taux de marge la rapporte au coût d'achat.

Q354. Qu'est-ce que la valeur ajoutée et comment se calcule-t-elle ?

La valeur ajoutée mesure la richesse créée par l'entreprise. Elle s'obtient en retranchant de la production de l'exercice et de la marge commerciale l'ensemble des consommations en provenance de tiers, soit les achats de matières et les charges externes. Elle sert ensuite à rémunérer le personnel, l'État, les prêteurs et l'entreprise.

Q355. Qu'est-ce que l'excédent brut d'exploitation ?

C'est la valeur ajoutée augmentée des subventions d'exploitation et diminuée des impôts et taxes et des charges de personnel. Il mesure la performance économique de l'exploitation indépendamment de la politique de financement, d'amortissement et de la fiscalité. C'est l'indicateur privilégié pour comparer des entreprises d'un même secteur.

Q356. Qu'est-ce que la capacité d'autofinancement ?

C'est le flux de trésorerie potentiel généré par l'activité, obtenu en ajoutant au résultat net les dotations aux amortissements et provisions et en retranchant les reprises et les produits de cession d'actifs. Elle mesure la capacité de l'entreprise à financer ses investissements et à rembourser ses emprunts sans recours externe.

Q357. Qu'est-ce que le besoin en fonds de roulement ?

C'est le besoin de financement né du décalage entre les décaissements liés aux achats et aux stocks et les encaissements des créances clients. Il se calcule par la différence entre les actifs circulants d'exploitation et les dettes d'exploitation. Sa maîtrise passe par la réduction des stocks et des délais clients.

Q358. Qu'est-ce que le fonds de roulement net global ?

C'est l'excédent des ressources stables, capitaux propres et dettes financières à long terme, sur les emplois stables que constituent les immobilisations. Il représente la part des ressources durables disponible pour financer le cycle d'exploitation. Un fonds de roulement inférieur au besoin en fonds de roulement engendre une trésorerie négative.

Q359. Comment se calcule la trésorerie nette ?

La trésorerie nette est égale au fonds de roulement net global diminué du besoin en fonds de roulement. Elle correspond également à la différence entre les disponibilités et les concours bancaires courants. Cette double approche constitue un contrôle de cohérence classique de l'analyse financière.

Q360. Qu'est-ce qu'un plan de trésorerie ?

C'est un tableau prévisionnel mensuel recensant tous les encaissements et décaissements attendus, en tenant compte des délais de règlement et de la TVA. Il fait apparaître le solde de trésorerie mois par mois et permet d'anticiper les tensions, de négocier une autorisation de découvert ou d'échelonner des paiements.

Q361. Comment construire un budget de TVA dans un plan de trésorerie ?

On calcule pour chaque mois la TVA collectée sur les encaissements ou sur les facturations selon le régime applicable, la TVA déductible correspondante, et l'on reporte le solde à payer au mois suivant, à la date d'échéance déclarative. La TVA n'est pas une charge mais un décaissement à part entière du plan.

Q362. Qu'est-ce que le crédit de TVA et comment le traiter ?

Le crédit de TVA apparaît lorsque la taxe déductible excède la taxe collectée. Il est en principe reporté sur la déclaration suivante. Il peut faire l'objet d'une demande de remboursement, annuelle si le crédit atteint cent cinquante euros, ou mensuelle ou trimestrielle s'il atteint sept cent soixante euros.

Q363. Comment comptabilise-t-on une demande de remboursement de crédit de TVA ?

Le crédit constaté figure au débit du compte 44567 crédit de TVA à reporter. Lorsqu'un remboursement est demandé, le montant est transféré au débit du compte 44583 remboursement de taxes sur le chiffre d'affaires demandé. Le compte est soldé lors de l'encaissement effectif par le crédit et le débit de la banque.

Q364. Quelles sont les obligations en matière de facturation électronique ?

La réforme de la facturation électronique impose progressivement aux entreprises assujetties d'émettre et de recevoir des factures sous format électronique structuré et de transmettre des données de transaction à l'administration. Le calendrier de déploiement ayant fait l'objet de plusieurs ajustements législatifs, il convient de vérifier les échéances en vigueur auprès de l'administration fiscale.

Q365. Quelles sont les formes admises de facture électronique structurée ?

Les formats retenus par le socle national sont Factur-X, format hybride associant un PDF lisible et un fichier XML, ainsi que les formats purement structurés UBL et CII. Un simple PDF envoyé par courriel ne constitue pas une facture électronique au sens de la réforme, mais une facture dématérialisée.

Q366. Comment archiver les pièces comptables dématérialisées ?

Les pièces doivent être conservées sous leur format d'origine pendant six ans au titre du livre des procédures fiscales et dix ans au titre du code de commerce, dans des conditions garantissant leur intégrité et leur lisibilité. La numérisation d'une facture papier doit respecter les conditions fixées par l'arrêté du 22 mars 2017.

Q367. Que prévoit l'arrêté du 22 mars 2017 sur la numérisation des factures ?

Il autorise la conservation sous forme numérique des factures établies ou reçues sur support papier, à condition que la numérisation soit réalisée en copie fidèle et durable, sans retouche, avec conservation de la couleur lorsqu'elle porte une information, et assortie d'une empreinte numérique, d'un horodatage et d'une signature électronique.

Q368. Quelles sont les obligations en cas de contrôle fiscal informatisé ?

L'entreprise doit remettre le fichier des écritures comptables dans un délai de quinze jours suivant la demande, sous forme dématérialisée conforme. L'administration peut effectuer des traitements sur ce fichier, soit dans l'entreprise, soit dans ses locaux. Le refus ou le retard est sanctionné financièrement et peut motiver le rejet de la comptabilité.

Q369. Comment préparer un dossier de révision pour l'expert-comptable ?

On transmet la balance générale et auxiliaire, le grand livre, les journaux, les rapprochements bancaires signés, l'état des stocks, la balance âgée, les copies des déclarations de TVA et des états de paie, les contrats en cours, les tableaux d'amortissement d'emprunts et les justificatifs des comptes d'attente et de régularisation.

Q370. Quelles sont les qualités attendues d'un bon libellé d'écriture

Le libellé doit permettre d'identifier l'opération sans consulter la pièce : il mentionne la nature, le tiers concerné, le numéro de la pièce et éventuellement la période concernée. Un libellé du type « divers » ou « régularisation » est proscrit, car il rend la comptabilité inintelligible lors d'un contrôle ou d'une reprise de dossier.

Partie IV — Bloc 3 : Préparer les opérations comptables périodiques

Chapitre 12 — La gestion administrative, comptable et fiscale de la TVA

Q371. Qu'est-ce que la taxe sur la valeur ajoutée ?

C'est un impôt indirect sur la consommation, supporté en définitive par le consommateur final et collecté par les entreprises pour le compte de l'État. L'entreprise assujettie collecte la TVA sur ses ventes, déduit celle qu'elle a supportée sur ses achats et reverse la différence au Trésor public. Elle est neutre pour l'entreprise.

Q372. Qui est assujetti à la TVA ?

Est assujettie toute personne qui effectue de manière indépendante une activité économique de producteur, de commerçant ou de prestataire de services, quels que soient son statut juridique, sa situation au regard des autres impôts et la forme de son intervention. Certaines activités, comme l'enseignement ou les soins médicaux, sont exonérées.

Q373. Quelles sont les opérations imposables à la TVA par nature ?

Les livraisons de biens et les prestations de services effectuées à titre onéreux par un assujetti agissant en tant que tel, ainsi que les acquisitions intracommunautaires et les importations. Sont également imposables par détermination de la loi certaines opérations, notamment les livraisons à soi-même et certaines opérations immobilières.

Q374. Quels sont les régimes d'imposition à la TVA ?

La franchise en base, qui dispense de déclaration, le régime simplifié d'imposition avec une déclaration annuelle CA12 et des acomptes semestriels, et le régime réel normal avec une déclaration CA3 mensuelle ou trimestrielle. Le régime dépend du chiffre d'affaires réalisé et du montant annuel de taxe exigible.

Q375. Qu'est-ce que le régime réel normal ?

Sous ce régime, l'entreprise dépose une déclaration CA3 chaque mois, retraçant les opérations du mois précédent, et acquitte la TVA correspondante. Lorsque la taxe annuellement exigible est inférieure à quatre mille euros, l'entreprise peut opter pour un dépôt trimestriel. Le régime réel normal est obligatoire au-delà des seuils du régime simplifié.

Q376. Comment fonctionne le régime simplifié d'imposition ?

L'entreprise verse deux acomptes semestriels en juillet et en décembre, calculés sur la base de la taxe due au titre de l'exercice précédent, puis dépose une déclaration annuelle CA12 qui régularise la situation. Elle est exclue de ce régime lorsque le montant annuel de taxe exigible dépasse le seuil réglementaire.

Q377. Quelle est la périodicité de dépôt de la CA3 ?

La CA3 est mensuelle par principe. Elle peut être trimestrielle lorsque la taxe exigible annuelle n'excède pas quatre mille euros. Les entreprises nouvelles relèvent du régime réel normal mensuel si elles ont opté pour ce régime ou si elles dépassent les seuils. La périodicité est fixée par l'administration et notifiée à l'entreprise.

Q378. Quelles sont les dates limites de dépôt de la CA3 ?

Elles s'échelonnent entre le 15 et le 24 du mois suivant, selon la forme juridique de l'entreprise et le numéro de dossier attribué par le service des impôts des entreprises. La date exacte figure sur le compte fiscal en ligne de l'entreprise. Elle constitue simultanément la date limite de paiement.

Q379. La télédéclaration de la TVA est-elle obligatoire ?

Oui. Toutes les entreprises assujetties, quels que soient leur régime et leur chiffre d'affaires, doivent déclarer et payer la TVA par voie électronique, via le compte fiscal en ligne sur impots.gouv.fr en mode EFI, ou par l'intermédiaire d'un partenaire agréé en mode EDI. Le non-respect entraîne une majoration.

Q380. Quelles sont les sanctions en cas de retard de déclaration de TVA ?

Le dépôt tardif entraîne une majoration de dix pour cent, portée à quarante pour cent en cas de non-dépôt dans les trente jours suivant une mise en demeure, et à quatre-vingts pour cent en cas d'activité occulte. S'ajoutent des intérêts de retard au taux de zéro virgule vingt pour cent par mois.

Q381. Quelles sont les sanctions en cas de paiement tardif ?

Le paiement tardif de la TVA entraîne une majoration de cinq pour cent des sommes dont le versement a été différé, à laquelle s'ajoutent les intérêts de retard. Un défaut de télépaiement, alors que celui-ci est obligatoire, expose à une majoration spécifique de zéro virgule deux pour cent des sommes concernées.

Q382. Quelles sont les principales rubriques du cadre A de la CA3 ?

Le cadre A recense le montant des opérations réalisées : ventes et prestations de services taxables, acquisitions intracommunautaires, importations, achats en franchise, ainsi que les opérations non imposables telles que les exportations, les livraisons intracommunautaires, les opérations en autoliquidation et celles réalisées hors de France. Tous les montants sont exprimés hors taxes.

Q383. Quelles sont les principales rubriques du cadre B de la CA3 ?

Le cadre B décompose la TVA brute par taux applicable, en distinguant le taux normal, les taux réduits et les opérations d'autoliquidation, puis la TVA déductible sur immobilisations, sur autres biens et services, et le report du crédit antérieur. Il aboutit au calcul du montant à payer ou du crédit à reporter.

Q384. Comment se calcule la TVA à décaisser ?

On additionne la TVA collectée sur les opérations imposables et la TVA autoliquidée, puis on retranche la TVA déductible sur immobilisations, la TVA déductible sur autres biens et services et le crédit de TVA reporté de la période précédente. Un résultat positif est à payer, un résultat négatif constitue un nouveau crédit.

Q385. Comment comptabilise-t-on la déclaration de TVA ?

On solde le compte 44571 TVA collectée par le débit, on solde les comptes 44562 et 44566 de TVA déductible par le crédit, et l'on constate la différence au crédit du compte 44551 TVA à décaisser. Le paiement est ensuite enregistré par le débit du 44551 et le crédit de la banque.

Q386. Que faire lorsque la déclaration fait apparaître un crédit ?

Le solde est porté au débit du compte 44567 crédit de TVA à reporter. Il s'impute automatiquement sur la TVA due de la période suivante.

L'entreprise peut également en demander le remboursement si les seuils sont atteints, en cochant la case correspondante et en joignant le formulaire de demande de remboursement.

Q387. Quels contrôles effectuer avant de valider une déclaration de TVA ?

Vérifier la cohérence entre le chiffre d'affaires déclaré et les comptes de vente de la période, contrôler que le rapport entre TVA collectée et base hors taxes correspond bien au taux applicable, s'assurer que les comptes de TVA déductible sont soldés après déclaration, et vérifier l'absence de facture saisie deux fois.

Q388. Qu'est-ce que le contrôle de cohérence TVA sur chiffre d'affaires ?

C'est le test consistant à comparer la TVA collectée déclarée sur l'année au chiffre d'affaires taxable comptabilisé multiplié par le taux moyen applicable. Un écart significatif révèle une omission de facturation, une erreur de taux ou une comptabilisation en compte de produit non taxable. L'administration pratique systématiquement ce recoupement.

Q389. Quelles sont les principales causes d'écart entre comptabilité et déclarations ?

Les décalages liés au régime des encaissements, les avoirs comptabilisés sans régularisation de TVA, les opérations autoliquidées mal ventilées, les acomptes clients enregistrés sans TVA, les factures saisies avec un taux erroné, les régularisations de fin d'exercice omises, et les écritures d'opérations diverses touchant les comptes de TVA sans justification.

Q390. Comment régulariser une erreur constatée sur une déclaration antérieure ?

Si l'erreur est mineure et récente, elle peut être corrigée sur la déclaration suivante, en portant la différence sur les lignes de régularisation prévues et en documentant l'opération. Pour une erreur importante ou ancienne, il convient de déposer une déclaration rectificative accompagnée d'un courrier explicatif adressé au service des impôts des entreprises.

Q391. Qu'est-ce que la mention expresse et quel est son intérêt ?

C'est l'indication portée par le contribuable, au moment de sa déclaration, des motifs de droit ou de fait pour lesquels il a retenu une position susceptible d'être contestée. Elle a pour effet d'écarter l'application des intérêts de retard en cas de redressement sur ce point, la bonne foi étant établie.

Q392. Quelles sont les obligations déclaratives liées aux opérations intracommunautaires ?

L'entreprise réalisant des livraisons intracommunautaires doit déposer mensuellement un état récapitulatif TVA identifiant chaque acquéreur par son numéro de TVA et le montant des livraisons. Ce dépôt conditionne le bénéfice de l'exonération. Les prestations de services intracommunautaires font l'objet d'une déclaration européenne de services.

Q393. Qu'est-ce que le guichet unique OSS ?

Le guichet unique One Stop Shop permet à une entreprise réalisant des ventes à distance de biens ou des prestations de services à des particuliers dans plusieurs États membres de déclarer et payer la TVA due dans ces

États via un portail unique dans son pays d'établissement, sans immatriculation multiple.

Q394. Quel est le seuil des ventes à distance dans l'Union européenne ?

Un seuil unique de dix mille euros par an s'applique à l'ensemble des ventes à distance intracommunautaires de biens et des services électroniques rendus à des particuliers. En dessous, la TVA du pays du vendeur s'applique. Au-dessus, la TVA du pays de destination est due, généralement déclarée via le guichet unique.

Q395. Comment traiter la TVA sur les prestations de services internationales ?

Entre assujettis, le principe est la taxation au lieu d'établissement du preneur, avec autoliquidation par ce dernier. Le prestataire français facture alors hors taxes avec la mention d'autoliquidation. Envers un particulier, la taxation intervient en principe au lieu d'établissement du prestataire, sous réserve des nombreuses règles dérogatoires par nature de service.

Q396. Qu'est-ce que la livraison à soi-même ?

C'est l'opération par laquelle une entreprise produit ou prélève un bien pour ses propres besoins. Elle est soumise à TVA dans certains cas afin de rétablir la neutralité entre l'entreprise qui produit et celle qui achète. Elle donne lieu à une taxation et à une déduction simultanées, sauf lorsque le droit à déduction est limité.

Q397. Qu'est-ce que la régularisation de TVA sur immobilisation ?

Lorsqu'une immobilisation cesse d'être utilisée pour des opérations ouvrant droit à déduction, ou est cédée avant la fin de la période de régularisation, une fraction de la TVA initialement déduite doit être reversée. La période est de cinq ans pour les biens meubles et de vingt ans pour les immeubles.

Q398. Comment traiter la TVA lors de la cession d'un bien immobilisé ?

La cession d'un bien mobilier d'investissement est soumise à TVA lorsque le bien a ouvert droit à déduction, même partielle. Si le bien n'a pas ouvert droit à déduction, la cession est exonérée mais peut entraîner une régularisation. La cession d'un véhicule de tourisme relève de ce second cas.

Q399. Qu'est-ce que le régime de la marge et quand s'applique-t-il ?

Le régime de la marge s'applique notamment aux biens d'occasion, aux œuvres d'art et aux objets de collection acquis auprès de non-assujettis. La TVA est alors calculée non sur le prix de vente total mais sur la différence entre le prix de vente et le prix d'achat, la facture ne devant pas faire apparaître la taxe.

Q400. Quelles obligations pèsent sur l'assujetti en matière de comptabilité TVA ?

L'assujetti doit tenir une comptabilité permettant de justifier le détail des opérations imposables et non imposables, ventilées par taux, ainsi que le montant de la taxe déductible. À défaut de comptabilité, il doit tenir un registre chronologique récapitulant les opérations. Les documents doivent être conservés six ans.

Q401. Qu'est-ce que le droit de communication de l'administration fiscale ?

C'est la faculté pour l'administration d'obtenir, auprès de l'entreprise ou de tiers, communication de documents nécessaires à l'établissement de l'impôt, sans que cela constitue une vérification de comptabilité. Le refus de communication est sanctionné par une amende. Le secrétaire comptable doit savoir identifier ce type de demande et alerter la direction.

Q402. Quelle différence existe entre un contrôle sur pièces et une vérification de comptabilité ?

Le contrôle sur pièces s'effectue depuis les bureaux de l'administration à partir des déclarations déposées et peut donner lieu à des demandes de renseignements. La vérification de comptabilité s'exerce sur place, suppose l'envoi préalable d'un avis de vérification mentionnant la faculté de se faire assister d'un conseil, et ouvre des garanties procédurales renforcées.

Q403. Quelles sont les garanties du contribuable en cas de vérification ?

La réception d'un avis préalable, le droit de se faire assister par un conseil de son choix, le débat oral et contradictoire avec le vérificateur, la limitation de la durée sur place pour les petites entreprises, la remise de la charte des droits et obligations, et une proposition de rectification motivée ouvrant un délai de réponse de trente jours.

Q404. Comment se prépare la réception d'un vérificateur ?

On rassemble la comptabilité complète de la période vérifiée, on prépare le fichier des écritures comptables au format normalisé, on constitue les dossiers de justificatifs par cycle, on identifie les points sensibles susceptibles d'être discutés, on désigne un interlocuteur unique et l'on informe l'expert-comptable dès réception de l'avis.

Q405. Qu'est-ce que la cotisation sur la valeur ajoutée des entreprises ?

La CVAE est une composante de la contribution économique territoriale assise sur la valeur ajoutée produite. Elle fait l'objet d'une trajectoire de suppression progressive prévue par les lois de finances successives, avec un abaissement graduel du taux. Le secrétaire comptable doit vérifier chaque année le taux et les obligations déclaratives applicables.

Q406. Qu'est-ce que la déclaration DECLOYER ?

C'est l'obligation, pour les entreprises occupant des locaux professionnels ou commerciaux, de déclarer annuellement le montant du loyer payé, afin d'alimenter la révision des valeurs locatives cadastrales. La déclaration s'effectue lors du dépôt de la déclaration de résultats ou via le formulaire dédié dans l'espace professionnel.

Q407. Quelles sont les principales obligations fiscales annuelles d'une entreprise ?

Le dépôt de la déclaration de résultats et de la liasse fiscale, la déclaration de la contribution économique territoriale et de ses composantes, la déclaration des honoraires et commissions versés, la déclaration relative à la taxe d'apprentissage et à la formation professionnelle, et le cas échéant les déclarations de taxes sur les véhicules et de taxe sur les salaires.

Q408. Qu'est-ce que la taxe sur les salaires et qui la doit ?

Elle est due par les employeurs qui ne sont pas assujettis à la TVA sur au moins quatre-vingt-dix pour cent de leur chiffre d'affaires de l'année précédente, notamment certaines associations, professions médicales et établissements bancaires. Elle est calculée sur les rémunérations versées, selon un barème progressif, et déclarée mensuellement, trimestriellement ou annuellement.

Q409. Comment s'organise le calendrier fiscal et social d'une entreprise ?

Le calendrier articule les échéances mensuelles de TVA et de déclaration sociale nominative, les échéances trimestrielles éventuelles de cotisations, les acomptes d'impôt sur les sociétés aux quinze mars, juin, septembre et décembre, les échéances annuelles de liasse fiscale et de contribution économique territoriale. Il est formalisé dans un échéancier partagé.

Q410. Quelles sont les échéances de paiement de l'impôt sur les sociétés ?

L'impôt sur les sociétés est acquitté par quatre acomptes trimestriels, exigibles au plus tard les 15 mars, 15 juin, 15 septembre et 15 décembre, calculés sur le bénéfice du dernier exercice clos. Le solde est versé au plus tard le 15 du quatrième mois suivant la clôture, ou le 15 mai pour un exercice clos au 31 décembre.

Q411. Qu'est-ce que le formulaire 2065 et le formulaire 2031 ?

Le formulaire 2065 est la déclaration de résultats des sociétés soumises à l'impôt sur les sociétés. Le formulaire 2031 est celui des entreprises relevant des bénéfices industriels et commerciaux à l'impôt sur le revenu. Chacun est accompagné d'une liasse d'annexes détaillant le bilan, le compte de résultat et les tableaux de détermination du résultat fiscal.

Q412. Qu'est-ce que le crédit d'impôt et comment le suivre ?

Un crédit d'impôt réduit l'impôt dû et peut être restitué s'il excède celui-ci. Le secrétaire comptable doit identifier les dispositifs applicables, réunir les justificatifs exigés, respecter les obligations déclaratives spécifiques et suivre l'imputation ou le remboursement. Les conditions d'éligibilité étant révisées régulièrement, une vérification annuelle des textes est indispensable.

Q413. Comment vérifier le taux de TVA applicable à une opération ?

On consulte les commentaires administratifs publiés au bulletin officiel des finances publiques, qui détaillent les biens et services relevant de chaque taux. En cas de doute persistant, une demande de rescrit fiscal peut être adressée à l'administration, dont la réponse engage cette dernière et sécurise définitivement le traitement retenu.

Q414. Qu'est-ce qu'un rescrit fiscal ?

C'est une prise de position formelle de l'administration sur l'appréciation d'une situation de fait au regard d'un texte fiscal, sollicitée par écrit par le contribuable. L'administration dispose en principe de trois mois pour répondre. Sa réponse lui est opposable tant que la situation et la législation demeurent inchangées.

Q415. Quels réflexes adopter pour sécuriser la gestion de la TVA ?

Tenir un dossier de déclaration mensuel comportant la déclaration, le détail du calcul et les états comptables justificatifs, contrôler systématiquement la cohérence des bases, solder les comptes de TVA après chaque déclaration, documenter chaque régularisation, respecter scrupuleusement le calendrier et effectuer une veille régulière sur les taux et les obligations déclaratives.

Chapitre 13 — La gestion des variables et paramètres de la paie

Q416. Qu'appelle-t-on variables de paie ?

Ce sont les éléments qui changent d'un mois sur l'autre et qui doivent être collectés avant l'établissement des bulletins : heures travaillées et heures supplémentaires, absences, congés, arrêts de travail, primes ponctuelles, commissions, avantages en nature, tickets-restaurant, acomptes versés, notes de frais et retenues éventuelles.

Q417. Qu'appelle-t-on paramètres de paie ?

Ce sont les données stables du dossier de paie : convention collective applicable, taux de cotisations, plafond de la sécurité sociale, taux d'accident du travail notifié, effectif de référence, taux de versement mobilité, organismes de retraite et de prévoyance, et règles internes de calcul des primes et des indemnités.

Q418. Quelles sont les mentions obligatoires d'un bulletin de paie ?

L'identité de l'employeur avec son numéro SIRET et son code APE, l'identité du salarié, son emploi et sa classification, la convention collective applicable, la période et le nombre d'heures rémunérées, le détail des rémunérations, le montant net social, le net à payer, le prélèvement à la source, et la mention relative à la conservation sans limitation de durée.

Q419. Quelles mentions sont interdites sur un bulletin de paie ?

Il est interdit d'y faire figurer l'exercice du droit de grève ou l'activité de représentation du personnel. La rémunération correspondant à une activité de représentation doit être versée et identifiée par une fiche annexe, afin de préserver la confidentialité du mandat et de prévenir toute discrimination.

Q420. Qu'est-ce que le montant net social ?

C'est le montant, obligatoirement affiché sur le bulletin depuis 2023, correspondant aux revenus nets après déduction des cotisations et contributions sociales, servant de référence pour le calcul des prestations sociales telles que la prime d'activité et le revenu de solidarité active. Il est également transmis aux organismes via la déclaration sociale nominative.

Q421. Quelle est la valeur juridique du bulletin de paie ?

Le bulletin ne vaut pas preuve du paiement, mais son acceptation sans protestation ne vaut pas renonciation du salarié à ses droits. L'employeur doit pouvoir prouver le versement effectif du salaire. Le salarié dispose de trois ans pour réclamer un rappel de salaire, à compter du jour où il a eu connaissance des faits.

Q422. Le bulletin de paie peut-il être dématérialisé ?

Oui, sauf opposition du salarié qui peut la manifester à tout moment. L'employeur doit garantir la disponibilité du bulletin pendant cinquante ans ou jusqu'aux soixante-quinze ans du salarié, ainsi que son intégrité et sa confidentialité. Le bulletin est généralement déposé dans un coffre-fort numérique associé au compte personnel d'activité.

Q423. Qu'est-ce que le salaire brut ?

C'est la rémunération totale due au salarié avant déduction des cotisations sociales : salaire de base, heures supplémentaires et complémentaires, primes, gratifications, avantages en nature et indemnités ayant le caractère de salaire. Il constitue l'assiette de la plupart des cotisations et la base de calcul des indemnités de congés payés.

Q424. Quelle différence existe entre salaire net imposable et net à payer ?

Le net imposable correspond au brut diminué des cotisations déductibles, augmenté de la CSG et de la CRDS non déductibles et de la part patronale de mutuelle. Le net à payer est la somme effectivement versée, obtenue après déduction du prélèvement à la source, des acomptes, des titres-restaurant et des éventuelles saisies.

Q425. Qu'est-ce que le plafond de la sécurité sociale ?

C'est un montant de référence revalorisé chaque année, servant d'assiette maximale à certaines cotisations, notamment la retraite de base plafonnée, et de base de calcul pour certaines prestations et seuils. Il existe des valeurs mensuelle, journalière et horaire, et il doit être proratisé en cas de temps partiel ou de mois incomplet.

Q426. Quelles sont les principales cotisations salariales ?

La cotisation d'assurance vieillesse plafonnée et déplafonnée, la retraite complémentaire AGIRC-ARRCO et la contribution d'équilibre général, la contribution sociale généralisée pour ses parts déductible et non déductible, la contribution au remboursement de la dette sociale, l'assurance chômage pour certains cas particuliers, et la part salariale de la mutuelle et de la prévoyance.

Q427. Quelles sont les principales cotisations patronales ?

Les cotisations maladie, maternité, invalidité et décès, vieillesse plafonnée et déplafonnée, allocations familiales, accidents du travail, la contribution au fonds national d'aide au logement, le versement mobilité, la contribution solidarité autonomie, l'assurance chômage, l'AGS, la retraite complémentaire et les contributions formation et apprentissage.

Q428. Sur quelle assiette la CSG et la CRDS sont-elles calculées ?

Elles sont calculées sur le revenu d'activité brut, majoré des contributions patronales de prévoyance et de retraite supplémentaire, après application d'un abattement pour frais professionnels de un virgule soixante-quinze pour cent limité à quatre fois le plafond annuel. Cet abattement ne s'applique pas aux sommes n'ayant pas la nature de salaire.

Q429. Comment est déterminé le taux d'accident du travail ?

Le taux est notifié annuellement à l'employeur par la caisse d'assurance retraite et de santé au travail. Il dépend de l'effectif de l'entreprise et de la sinistralité constatée : taux collectif pour les petites structures, taux individuel pour les grandes, taux mixte pour les effectifs intermédiaires. Il doit être mis à jour dans le logiciel dès notification.

Q430. Qu'est-ce que la réduction générale des cotisations patronales

Il s'agit du dispositif d'allègement, anciennement dénommé réduction Fillon, qui diminue les cotisations patronales sur les rémunérations inférieures à un seuil exprimé en multiple du SMIC. Son calcul repose sur un coefficient dépendant de la rémunération annuelle. Les paramètres et le périmètre de ce dispositif ont été modifiés par les lois de financement successives.

Q431. Comment sont rémunérées les heures supplémentaires ?

Les heures effectuées au-delà de la durée légale de trente-cinq heures hebdomadaires donnent lieu à une majoration de vingt-cinq pour cent pour les huit premières et de cinquante pour cent au-delà, sauf accord collectif prévoyant un taux différent qui ne peut être inférieur à dix pour cent. Elles peuvent être remplacées par un repos compensateur équivalent.

Q432. Qu'est-ce que le contingent annuel d'heures supplémentaires

C'est le volume d'heures supplémentaires pouvant être accompli sans autorisation particulière, fixé par accord collectif ou, à défaut, à deux cent vingt heures par an et par salarié. Au-delà, les heures ouvrent droit à une contrepartie obligatoire en repos, dont la durée dépend de l'effectif de l'entreprise.

Q433. Quel est le régime social et fiscal des heures supplémentaires

Les heures supplémentaires bénéficient d'une réduction de cotisations salariales d'assurance vieillesse et d'une exonération d'impôt sur le revenu dans la limite d'un plafond annuel. Elles restent soumises à la CSG et à la CRDS. Les seuils étant régulièrement modifiés en loi de finances, leur vérification annuelle est indispensable.

Q434. Qu'est-ce qu'une heure complémentaire ?

C'est une heure effectuée par un salarié à temps partiel au-delà de sa durée contractuelle, sans pouvoir porter la durée du travail au niveau de la durée légale. Elle est majorée d'au moins dix pour cent dans la limite du dixième de la durée contractuelle, et de vingt-cinq pour cent au-delà.

Q435. Comment se calcule l'indemnité de congés payés ?

On retient le montant le plus favorable entre la règle du maintien de salaire et la règle du dixième, qui attribue au salarié un dixième de la rémunération brute perçue au cours de la période de référence. La comparaison doit être effectuée en fin de période de congés, pour l'ensemble des congés pris.

Q436. Comment s'acquièrent les congés payés ?

Le salarié acquiert deux jours et demi ouvrables par mois de travail effectif, soit trente jours ouvrables ou cinq semaines par an. La période de référence court en principe du 1er juin au 31 mai, sauf accord ou dispositions conventionnelles contraires. Certaines absences sont assimilées à du temps de travail effectif pour cette acquisition.

Q437. Quelles absences sont assimilées à du travail effectif pour les congés ?

Les congés payés eux-mêmes, les congés maternité et paternité, les périodes d'arrêt pour accident du travail ou maladie professionnelle, les jours de repos compensateur, les périodes de formation à l'initiative de l'employeur, et les périodes de réserve opérationnelle. Le traitement des arrêts maladie non professionnels a fait l'objet d'évolutions législatives récentes qu'il convient de vérifier.

Q438. Comment gérer une absence pour maladie en paie ?

On retient l'absence selon la méthode définie par l'usage ou l'accord d'entreprise, on transmet l'attestation de salaire à l'assurance maladie, on calcule le maintien de salaire éventuellement dû au titre de la loi de mensualisation ou de la convention collective, et l'on comptabilise les indemnités journalières perçues, souvent en subrogation.

Q439. Qu'est-ce que la subrogation en matière d'indemnités journalières ?

C'est le mécanisme par lequel l'employeur maintient le salaire du salarié en arrêt et perçoit directement, à sa place, les indemnités journalières versées par la sécurité sociale. Elle suppose une mention sur l'attestation de salaire et un maintien au moins égal au montant des indemnités. Elle simplifie la trésorerie du salarié.

Q440. Qu'est-ce que la garantie de la loi de mensualisation ?

Elle prévoit, après un an d'ancienneté et sous conditions de délai de carence et de justification, le maintien par l'employeur d'une partie du salaire pendant l'arrêt de travail, à hauteur de quatre-vingt-dix pour cent puis des deux tiers de la rémunération brute, pendant une durée croissant avec l'ancienneté. Les conventions collectives prévoient souvent des garanties supérieures.

Q441. Quels sont les principaux avantages en nature et comment les évaluer ?

Les avantages en nature les plus fréquents sont le véhicule, le logement, les repas et les outils de communication. Ils peuvent être évalués au réel ou selon un forfait fixé par arrêté, révisé périodiquement. Ils constituent un élément de rémunération soumis à cotisations et doivent figurer distinctement sur le bulletin.

Q442. Quel est le régime des titres-restaurant ?

La part patronale est exonérée de cotisations sociales et d'impôt dans la limite d'un plafond revalorisé chaque année, à condition qu'elle représente entre cinquante et soixante pour cent de la valeur du titre. Le dépassement du plafond ou des bornes de participation entraîne la réintégration de l'excédent dans l'assiette des cotisations.

Q443. Comment traiter les frais professionnels en paie ?

Les remboursements de frais professionnels ne constituent pas un élément de rémunération et sont exonérés de cotisations lorsqu'ils correspondent à des dépenses réellement engagées, justifiées, ou évaluées dans la limite des allocations forfaitaires fixées par l'URSSAF. Au-delà des limites, l'employeur doit justifier l'utilisation conforme, faute de quoi la fraction excédentaire est réintégrée.

Q444. Qu'est-ce que le prélèvement à la source ?

C'est le mode de recouvrement de l'impôt sur le revenu par lequel l'employeur, en qualité de collecteur, applique un taux transmis par l'administration au montant net imposable et reverse la retenue au Trésor. Le taux est neutre par défaut lorsqu'aucun taux personnalisé n'a été transmis, ou sur demande du salarié.

Q445. Quelles sont les obligations de l'employeur en matière de prélèvement à la source ?

Il doit récupérer les taux via le compte rendu métier de la déclaration sociale nominative, appliquer le taux au mois concerné, faire figurer distinctement l'assiette, le taux et le montant retenu sur le bulletin, reverser les sommes dans le délai imparti et respecter la confidentialité absolue des informations fiscales transmises.

Q446. Qu'est-ce que la déclaration sociale nominative ?

La DSN est la déclaration unique, mensuelle et dématérialisée, issue des données de paie, qui remplace la quasi-totalité des déclarations sociales antérieures. Transmise via net-entreprises.fr, elle alimente l'URSSAF, les caisses de retraite, les organismes de prévoyance, l'assurance maladie, France Travail et l'administration fiscale pour le prélèvement à la source.

Q447. Quelles sont les échéances de dépôt de la DSN ?

La DSN mensuelle est transmise au plus tard le 5 du mois suivant pour les entreprises d'au moins cinquante salariés pratiquant le décalage de paie, et le 15 du mois suivant dans les autres cas. Les signalements d'événements, tels que les arrêts de travail et les fins de contrat, sont transmis dans les cinq jours ouvrés suivant l'événement.

Q448. Que sont les signalements d'événement en DSN ?

Ce sont des transmissions ponctuelles, distinctes de la DSN mensuelle, portant sur des événements individuels : arrêt de travail, reprise anticipée d'activité et fin de contrat de travail unique. Ils déclenchent le versement des prestations par les organismes concernés et remplacent les anciennes attestations de salaire et attestations employeur.

Q449. Qu'est-ce que le compte rendu métier ?

C'est le retour d'information adressé à l'entreprise après le dépôt d'une DSN, comportant les anomalies détectées, les taux de prélèvement à la source applicables et diverses informations de gestion. Son exploitation systématique est indispensable : ignorer les anomalies signalées conduit à des régularisations coûteuses et à des pénalités.

Q450. Quelles sanctions s'appliquent en cas de défaut ou de retard de DSN ?

Le défaut de production dans les délais est sanctionné par une pénalité par salarié et par mois de retard, plafonnée annuellement. L'omission de salariés ou l'inexactitude des données déclarées donne lieu à une pénalité par salarié concerné. La régularisation spontanée rapide permet généralement d'obtenir une remise gracieuse.

Q451. Comment se calcule le solde de tout compte ?

Il comprend le salaire du mois, les heures supplémentaires, l'indemnité compensatrice de congés payés, l'indemnité compensatrice de préavis lorsqu'il n'est pas exécuté, l'indemnité de licenciement ou de fin de contrat le cas échéant, la prime de précarité pour un CDD, déduction faite des acomptes et avances. Il fait l'objet d'un reçu.

Q452. Quelle est la portée du reçu pour solde de tout compte ?

Le reçu fait l'inventaire des sommes versées lors de la rupture. Signé par le salarié, il ne peut être dénoncé que dans les six mois, délai au-delà duquel il devient libératoire pour les sommes qui y sont mentionnées. S'il n'est pas signé, aucune forclusion ne s'applique et la prescription de droit commun demeure.

Q453. Quels documents remettre au salarié à la fin du contrat ?

Le certificat de travail, le reçu pour solde de tout compte, l'attestation destinée à France Travail désormais transmise par DSN, et le récapitulatif des dispositifs d'épargne salariale le cas échéant. Ces documents sont quérables mais l'employeur doit informer le salarié de leur mise à disposition, faute de quoi sa responsabilité peut être engagée.

Q454. Qu'est-ce que l'indemnité de précarité en fin de CDD ?

C'est une indemnité égale à dix pour cent de la rémunération brute totale versée pendant le contrat, destinée à compenser la précarité de la situation. Elle n'est pas due notamment en cas de rupture anticipée à l'initiative du salarié, de faute grave, de refus d'un CDI proposé pour le même emploi, ou pour certains contrats saisonniers.

Q455. Comment comptabilise-t-on la paie ?

On débite les comptes 641 rémunérations du personnel pour le brut et 645 charges de sécurité sociale et de prévoyance pour les charges patronales, et l'on crédite les comptes 421 personnel rémunérations dues pour le net, 431 et 437 pour les cotisations, et 4421 pour le prélèvement à la source.

Q456. Comment comptabilise-t-on le paiement des salaires et des charges ?

Le versement des salaires se traduit par le débit du compte 421 et le crédit de la banque. Le règlement des cotisations est enregistré par le débit des comptes 431 et 437 et le crédit de la banque. Le reversement du prélèvement à la source débite le compte 4421.

Q457. Comment contrôler la cohérence d'un journal de paie ?

On vérifie que le total des nets à payer correspond au virement effectué, que les comptes de tiers sociaux sont soldés après paiement, que le rapport entre charges patronales et brut reste cohérent d'un mois sur l'autre, et que les effectifs et les cumuls annuels progressent normalement. Tout écart doit être expliqué avant clôture.

Q458. Qu'est-ce que le livre de paie et est-il obligatoire ?

Le livre de paie, qui reprenait chronologiquement les mentions des bulletins, n'est plus obligatoire depuis 1998. Il est remplacé en pratique par le double des bulletins, conservé sous forme papier ou électronique pendant cinq ans, et par le journal de paie édité par le logiciel, qui sert de pièce justificative à l'écriture comptable.

Q459. Comment se préparer à un contrôle URSSAF ?

On rassemble les bulletins, les journaux de paie, les DSN et leurs comptes rendus métier, les contrats de travail, l'accord d'entreprise et la convention collective, les justificatifs de frais professionnels et d'avantages en nature, ainsi que les documents relatifs aux exonérations appliquées. Un avis de contrôle est adressé au moins trente jours avant la première visite.

Q460. Quelles sont les erreurs de paie les plus fréquentes ?

L'oubli de proratisation du plafond en cas de temps partiel ou d'entrée en cours de mois, l'application d'un taux d'accident du travail périmé, l'omission d'une revalorisation conventionnelle, le mauvais traitement des absences, l'oubli de réintégration des avantages en nature, et l'absence de mise à jour des paramètres après une modification législative.

Chapitre 14 — Présenter et transmettre des tableaux de bord

Q461. **Qu'est-ce qu'un tableau de bord de gestion ?**

C'est un document de synthèse regroupant un nombre limité d'indicateurs pertinents, présentés de façon lisible et actualisés à intervalle régulier, destinés à mesurer l'activité, à détecter les écarts par rapport aux objectifs et à éclairer la décision. Il ne remplace pas les états comptables : il en extrait l'essentiel pour l'action.

Q462. **Quelles sont les qualités d'un bon tableau de bord ?**

La pertinence des indicateurs au regard des objectifs, la fiabilité des données sources, la rapidité de production, la concision, la lisibilité graphique, la comparabilité dans le temps et par rapport à une référence, et l'existence d'un commentaire d'analyse. Un tableau de bord qui n'est pas commenté n'est qu'un tableau de chiffres.

Q463. **Qu'est-ce qu'un indicateur clé de performance ?**

C'est une mesure quantifiée, associée à un objectif, permettant d'apprécier l'atteinte d'un résultat. Il doit être défini précisément quant à sa formule, sa source, sa périodicité et son responsable. La règle usuelle limite le nombre d'indicateurs à une dizaine par tableau, afin de préserver la capacité d'attention du destinataire.

Q464. **Quelle différence existe entre indicateur de résultat et indicateur d'activité ?**

L'indicateur de résultat mesure l'atteinte de la finalité, comme le chiffre d'affaires ou la marge. L'indicateur d'activité mesure les moyens mis en œuvre et les volumes traités, comme le nombre de factures saisies ou le nombre d'appels traités. Les seconds anticipent souvent l'évolution des premiers.

Q465. Qu'est-ce qu'un indicateur avancé ?

C'est un indicateur dont l'évolution précède celle du résultat qu'il annonce : le carnet de commandes anticipe le chiffre d'affaires, le taux de relances anticipe le risque d'impayé, le taux d'absentéisme anticipe les tensions sociales. Ils permettent d'agir avant que la dégradation ne se traduise dans les comptes.

Q466. Quels indicateurs commerciaux suivre en priorité ?

Le chiffre d'affaires par période, par produit et par client, le taux de marge, le panier moyen, le nombre de devis émis et le taux de transformation, la répartition du chiffre d'affaires entre clients afin de mesurer la dépendance, et l'évolution du carnet de commandes. La comparaison avec l'année précédente est indispensable.

Q467. Quels indicateurs de trésorerie sont essentiels ?

Le solde de trésorerie disponible, la position prévisionnelle à trente et soixante jours, l'encours clients et le délai moyen de règlement, l'encours fournisseurs et le délai moyen de paiement, le montant des créances échues par tranche d'antériorité, et le taux d'utilisation de l'autorisation de découvert.

Q468. Quels indicateurs sociaux figurent dans un tableau de bord ?

L'effectif moyen et sa répartition par type de contrat, la masse salariale et son évolution, le taux d'absentéisme, le nombre d'heures supplémentaires, le turnover, le nombre d'accidents du travail et le taux de fréquence, ainsi que le nombre d'heures de formation dispensées. Ces données alimentent également les obligations déclaratives.

Q469. Comment se calcule un taux d'absentéisme ?

On divise le nombre de jours d'absence constatés sur la période par le nombre de jours théoriquement travaillés, puis on multiplie par cent. Il convient de préciser le périmètre retenu, notamment l'inclusion ou non des congés maternité, des accidents du travail et des absences autorisées, faute de quoi les comparaisons perdent tout sens.

Q470. Comment se calcule un taux de rotation du personnel ?

On divise la demi-somme des entrées et des sorties de l'année par l'effectif moyen, puis on multiplie par cent. Un taux élevé peut traduire des conditions de travail dégradées, une politique de recrutement inadaptée ou un recours structurel aux contrats courts, ce qui appelle une analyse qualitative complémentaire.

Q471. Qu'est-ce qu'un écart et comment l'analyser ?

L'écart est la différence entre une valeur réalisée et une valeur de référence, budgétaire ou historique. Son analyse suppose de le décomposer, par exemple un écart sur chiffre d'affaires en effet volume et effet prix, puis d'en identifier les causes et de proposer des actions correctives assorties d'un responsable et d'un délai.

Q472. Qu'est-ce qu'un écart sur volume et un écart sur prix ?

L'écart sur volume mesure l'incidence de la variation des quantités valorisées au prix de référence. L'écart sur prix mesure l'incidence de la variation du prix appliquée aux quantités réelles. Leur somme reconstitue l'écart total et permet de distinguer un problème commercial d'un problème de tarification.

Q473. Comment choisir la périodicité d'un tableau de bord ?

Elle doit correspondre au rythme de décision : quotidienne ou hebdomadaire pour la trésorerie et la production, mensuelle pour l'activité commerciale et sociale, trimestrielle pour les indicateurs structurels. Un tableau produit plus fréquemment que le rythme des décisions engendre une charge de travail sans valeur ajoutée.

Q474. Comment garantir la fiabilité des données d'un tableau de bord ?

En documentant la source et la formule de chaque indicateur, en automatisant l'extraction depuis le logiciel comptable ou commercial plutôt qu'en ressaisissant, en effectuant des contrôles de cohérence croisés avec la comptabilité, et en datant chaque version. Un indicateur dont la définition varie d'un mois à l'autre est inexploitable.

Q475. Comment extraire des données du logiciel comptable vers un tableur ?

On utilise les fonctions d'export du logiciel, en choisissant un format structuré tel que le CSV ou le fichier tableur natif, en sélectionnant la période et les comptes concernés. On contrôle ensuite le nombre de lignes et les totaux exportés par rapport à l'état d'origine avant toute exploitation.

Q476. Quelles précautions prendre lors de l'exploitation d'un export comptable ?

Vérifier que les colonnes numériques sont bien reconnues comme telles, que les numéros de compte conservent leurs zéros initiaux, que les montants négatifs sont correctement interprétés, que le sens débit-crédit est explicite, et que la période exportée correspond exactement à celle attendue, sans écriture de à-nouveau parasite.

Q477. Comment présenter graphiquement l'évolution d'un chiffre d'affaires ?

On privilégie un graphique en courbes ou en histogrammes comparant l'année en cours et l'année précédente sur le même axe temporel, avec un cumul en ligne secondaire si nécessaire. Le titre énonce le constat plutôt que le sujet, et une note précise la source et la date d'extraction des données.

Q478. Qu'est-ce qu'un graphique en cascade et à quoi sert-il ?

C'est une représentation qui décompose le passage d'une valeur initiale à une valeur finale en une succession de contributions positives et négatives. Il est particulièrement adapté à l'explication d'une variation de marge ou de résultat, en montrant la part respective de chaque facteur explicatif.

Q479. Comment rédiger le commentaire d'un tableau de bord ?

Le commentaire énonce d'abord le constat chiffré, puis l'explication de l'écart, enfin l'action proposée avec son responsable et son échéance. Il reste factuel, ne se contente pas de paraphraser les chiffres et hiérarchise les points par ordre d'importance. Trois à cinq points suffisent pour un tableau mensuel.

Q480. À qui et comment transmettre un tableau de bord ?

Il est transmis aux destinataires identifiés dans la procédure, selon une périodicité fixée, sous un format non modifiable pour la diffusion externe et modifiable pour les besoins d'analyse interne. La transmission mentionne la période couverte, la date d'extraction et l'auteur, et respecte la confidentialité des données sociales et commerciales.

Q481. Quelles règles de confidentialité s'appliquent aux tableaux de bord sociaux ?

Les données doivent être agrégées de manière à ne pas permettre l'identification d'un salarié, ce qui suppose de ne pas descendre en dessous d'un effectif minimal par catégorie. La diffusion est restreinte aux destinataires habilités et les fichiers sont protégés. Ces règles découlent du RGPD et du principe de minimisation.

Q482. Qu'est-ce qu'un budget prévisionnel ?

C'est la traduction chiffrée, sur une période à venir, des objectifs et des moyens de l'entreprise, généralement décliné en budget des ventes, des achats, des charges de personnel, des investissements et de trésorerie. Il sert de référence pour l'analyse des écarts et constitue le socle du pilotage.

Q483. Comment construire un budget de trésorerie ?

On part du budget des ventes et des achats, on applique les délais de règlement réels pour convertir les produits et charges en encaissements et décaissements, on ajoute la TVA, les salaires et charges sociales, les échéances d'emprunt et les investissements, puis on cumule mois par mois à partir du solde initial.

Q484. Qu'est-ce que le seuil de rentabilité ?

C'est le niveau de chiffre d'affaires pour lequel le résultat est nul, les charges fixes étant exactement couvertes par la marge sur coûts variables. Il se calcule en divisant le montant des charges fixes par le taux de marge sur coûts variables. Il indique le volume d'activité minimal à atteindre.

Q485. Qu'est-ce que le point mort et la marge de sécurité ?

Le point mort est la date à laquelle le seuil de rentabilité est atteint dans l'année, calculée en rapportant le seuil au chiffre d'affaires annuel. La marge de sécurité est l'excédent du chiffre d'affaires réalisé sur le seuil de rentabilité, exprimant la baisse d'activité supportable avant de générer une perte.

Q486. Comment calcule-t-on un pourcentage d'évolution ?

On divise la différence entre la valeur d'arrivée et la valeur de départ par la valeur de départ, puis on multiplie par cent. Il ne faut pas confondre variation en pourcentage et variation en points, cette dernière s'appliquant aux écarts entre deux taux, comme un taux de marge passant de dix à douze pour cent.

Q487. Comment automatiser la production d'un tableau de bord ?

On structure les données sources sous forme de tableau normalisé, on utilise des formules référençant des plages nommées ou des tableaux structurés, on construit les synthèses par tableaux croisés dynamiques actualisables, et l'on isole les paramètres modifiables dans une feuille dédiée. L'objectif est de ne remplacer que la source à chaque période.

Q488. Quels sont les pièges à éviter dans la conception d'un tableau de bord ?

Multiplier les indicateurs jusqu'à noyer l'information, mélanger des périmètres non comparables, omettre la référence ou l'objectif, présenter des chiffres sans commentaire, retarder la diffusion jusqu'à ce qu'elle perde son utilité, et bâtir un outil dont la maintenance dépend d'une seule personne.

Chapitre 15 — Méthodologie de l'examen et du dossier professionnel

Q489. Comment rédiger efficacement son dossier professionnel ?

Il faut décrire des situations de travail réellement vécues, en respectant la structure attendue : contexte, objectif, méthode employée, outils utilisés, résultat obtenu et difficultés rencontrées. Chaque exemple doit être rattaché explicitement à une compétence du référentiel. On privilégie la précision concrète aux généralités et l'on joint les documents anonymisés.

Q490. Quelles erreurs éviter dans le dossier professionnel ?

Recopier des définitions théoriques, décrire des tâches sans expliquer sa propre contribution, employer un « nous » masquant l'action personnelle, omettre les chiffres et les volumes qui donnent la mesure de l'expérience, joindre des documents non anonymisés contenant des données confidentielles, et négliger l'orthographe, qui est évaluée pour un métier d'écrit.

Q491. Comment préparer l'entretien final avec le jury ?

Il faut relire son dossier professionnel et être capable de développer chaque exemple, connaître la structure du référentiel et le vocabulaire des trois blocs, préparer une présentation de son parcours en deux à trois minutes, anticiper les questions sur les difficultés rencontrées, et formuler un projet professionnel cohérent et argumenté.

Q492. Comment aborder une mise en situation professionnelle ?

On commence par lire l'intégralité du sujet et l'ensemble des annexes avant toute action, on identifie les livrables attendus et leur pondération, on planifie l'ordre de traitement en commençant par les tâches les plus valorisées, on enregistre régulièrement son travail et l'on réserve du temps pour le contrôle final.

Q493. Comment gérer son temps pendant l'épreuve pratique ?

On répartit le temps disponible proportionnellement aux travaux demandés, on s'impose une heure limite par tâche et l'on passe à la suivante même si la précédente est inachevée. Un travail partiellement traité rapporte des points, alors qu'une tâche non abordée n'en rapporte aucun. Le contrôle final ne doit jamais être sacrifié.

Q494. Quels contrôles effectuer avant de rendre un travail comptable ?

Vérifier l'équilibre débit-crédit de chaque écriture, la cohérence des taux de TVA appliqués, l'exactitude des reports et des totaux, la conformité des libellés, la présence des dates et des numéros de pièce, et la vraisemblance des soldes obtenus. Une seule erreur d'imputation peut invalider une série entière de traitements.

Q495. Quels contrôles effectuer sur un document bureautique produit en épreuve ?

Contrôler l'orthographe et la grammaire, la cohérence de la mise en forme et le respect de la charte, la présence de toutes les mentions obligatoires, l'exactitude des données reportées, la pagination et les en-têtes, ainsi que la lisibilité à l'impression. Un correcteur automatique ne dispense jamais d'une relecture attentive.

Q496. Comment se préparer au questionnaire professionnel ?

Le questionnaire porte sur les connaissances associées aux compétences du référentiel. Il faut maîtriser le vocabulaire comptable et administratif, les mécanismes de la TVA, les principales imputations, les mentions obligatoires des documents et les règles de conservation. Une révision régulière par questions-réponses est plus efficace qu'une relecture passive.

Q497. Comment mémoriser durablement les notions comptables ?

On privilégie la répétition espacée, en revoyant une notion à un jour, trois jours, une semaine puis un mois d'intervalle. On pratique l'autoévaluation active plutôt que la relecture, on reformule avec ses propres mots et l'on associe chaque règle à un exemple chiffré concret, qui sert d'ancrage lors de la restitution.

Q498. Comment gérer son stress le jour de l'examen ?

On prépare son matériel et son trajet la veille, on arrive en avance, on pratique une respiration lente et profonde avant l'épreuve, on commence par une tâche que l'on maîtrise pour se mettre en confiance, et l'on évite de commenter le sujet avec les autres candidats pendant les pauses.

Q499. Que faire en cas d'échec à une épreuve ?

Les blocs validés restent acquis définitivement sous forme de CCP. Il convient de demander au jury ou au centre les axes d'amélioration identifiés, de cibler la révision sur les compétences non validées, et de s'inscrire à une session ultérieure. Un échec partiel ne remet jamais en cause les certificats déjà obtenus.

Q500. Quelles ressources consulter pour actualiser ses connaissances ?

Le site travail-emploi.gouv.fr pour les référentiels, France compétences pour la fiche RNCP, Légifrance pour les textes, le BCFiP pour la doctrine fiscale, urssaf.fr et net-entreprises.fr pour le social, et le site de l'Autorité des normes comptables pour la doctrine comptable. Ces sources priment sur toute publication commerciale.

Partie V — Les fiches de révision essentielles

Fiche 1 — L'architecture du titre professionnel

Le texte de référence

- Arrêté du 28 septembre 2022 (NOR MTRD2227177A), publié au JO du 13 octobre 2022, entrée en vigueur le 1er mars 2023.
- Fiche RNCP37123, active, échéance d'enregistrement au 1er mars 2028.
- Niveau 4 du cadre national des certifications (décret n° 2019-14 du 8 janvier 2019).
- Codes : NSF 324t — Formacode 35049 — ROME M1608 — code titre TP-00402, millésime 09.
- Certificateur : ministère chargé du travail. Régulateur : France compétences

Les trois blocs de compétences

- Bloc 1 — Assurer les travaux administratifs de secrétariat au quotidien.
- Bloc 2 — Assurer les opérations comptables au quotidien.
- Bloc 3 — Préparer les opérations comptables périodiques.

Chaque bloc validé donne lieu à un certificat de compétences professionnelles (CCP) capitalisable et acquis sans limitation de durée. Le titre complet s'obtient par la validation des trois blocs et un entretien final devant le jury.

Ce qu'il faut retenir de la refonte de 2022

Le titre est passé de quatre blocs (arrêté du 27 octobre 2017) à trois blocs. Le bloc 3, consacré aux opérations périodiques, est un bloc nouveau sans correspondance avec l'ancien référentiel : il doit obligatoirement être passé par les titulaires d'anciens CCP souhaitant obtenir le titre complet.

Le cadre juridique d'exercice

L'article 20, alinéa 2, de l'ordonnance n° 45-2138 du 19 septembre 1945 interdit la tenue de comptabilité à titre indépendant hors inscription à l'ordre des experts-comptables. Le secrétaire comptable exerce donc ses compétences comptables exclusivement en qualité de salarié ou de conjoint collaborateur.

Fiche 2 — La session d'examen

Les épreuves

- Mise en situation professionnelle sur poste informatique, éventuellement complétée d'épreuves écrites ou orales.
- Entretien technique portant sur les points non observables.
- Questionnaire professionnel portant sur les connaissances associées.
- Entretien final avec le jury, appuyé sur le dossier professionnel.

Le dossier professionnel

Obligatoire, rédigé par le candidat, il décrit des situations de travail réellement vécues illustrant chaque compétence. Structure attendue pour chaque exemple : contexte, objectif, méthode, outils, résultat, difficultés. Il n'est pas noté mais sert de support à l'entretien final.

Le jury

Composé de professionnels du métier habilités par la DREETS, extérieurs à l'organisme de formation. Il délibère souverainement au vu des résultats de la session, du dossier professionnel et de l'entretien final. Il peut délivrer le titre complet, un ou plusieurs CCP, ou ne rien délivrer.

Les voies d'accès

- Formation professionnelle continue.
- Apprentissage et contrat de professionnalisation.
- Validation des acquis de l'expérience.
- Candidature libre après parcours mixte.

Fiche 3 — La présentation des documents professionnels

La lettre commerciale

- En-tête expéditeur, coordonnées du destinataire à droite, références, lieu et date sous le destinataire.
- Objet nominal et bref, sans verbe conjugué, précédé de « Objet : ».
- Formule d'appel neutre : « Madame, Monsieur, ».
- Formule de politesse reprenant à l'identique la formule d'appel, en phrase complète.
- Signature avec nom, prénom et qualité du signataire ; mention des pièces jointes.

Les documents internes

- Note de service : caractère impératif, modifie une organisation ou impose une consigne.
- Note d'information : simple portée à connaissance, sans caractère prescriptif.
- Compte rendu : restitution synthétique et fidèle d'une réunion.
- Procès-verbal : document officiel soumis à approbation et signature, faisant foi.
- Relevé de décisions : décisions et actions uniquement, avec responsable et échéance.

Les règles typographiques françaises essentielles

- Les majuscules s'accentuent : État, À compter du, Éditions.

- Espace insécable avant les signes doubles : deux-points, point-virgule, points d'interrogation et d'exclamation.
- Symbole € après le nombre, séparé par une espace insécable ; virgule décimale ; espace pour les milliers.
- Mois en lettres et en minuscules dans les dates.

Les outils numériques

- Styles de titre : condition de la table des matières automatique et de l'accessibilité.
- Saut de section : permet une mise en page, une numérotation ou un en-tête distincts.
- « Lier au précédent » à désactiver pour dissocier les en-têtes.
- Publipostage : document type + source de données structurée + champs de fusion.
- Modèle de document : garantit l'homogénéité et protège l'original.

Fiche 4 — Le classement et l'archivage

Les modes de classement

- Alphabétique — dossiers nominatifs, clients, fournisseurs.
- Numérique — unicité, extension illimitée, confidentialité ; impose un répertoire de correspondance.
- Chronologique — correspondance, journaux comptables.
- Géographique — secteurs commerciaux, agences.
- Thématique — documentation, procédures.
- Décimal — arborescences hiérarchiques, dossiers informatiques.

Les durées légales de conservation

- Pièces comptables, livres et registres, factures : 10 ans (art. L. 123-22 code de commerce).
- Pièces justifiant les déclarations fiscales : 6 ans (art. L. 102 B du LPF).
- Bulletins de paie (employeur) : 5 ans. Registre unique du personnel : 5 ans après le départ.
- Documents relatifs aux charges sociales : 3 ans.
- Contrats commerciaux : 5 ans après leur terme. Statuts et PV d'assemblée : 5 ans.

Le cycle de vie du document

Archive courante au poste de travail, archive intermédiaire en local dédié, archive définitive conservée ou détruite selon le tableau de gestion. La destruction est sécurisée et consignée par un bordereau d'élimination.

L'archivage électronique

- Intégrité garantie par empreinte numérique, horodatage et traçabilité (norme NF Z42-013).
- Numérisation des factures papier encadrée par l'arrêté du 22 mars 2017.
- Piste d'audit fiable : documentation reliant commande, livraison, facture et règlement.

Fiche 5 — L'accueil et la communication

L'accueil physique

Contact visuel et salutation immédiats, identification du besoin par question ouverte, information du délai d'attente, installation du visiteur, annonce à la personne attendue, prise de congé. Le registre des visiteurs relève du RGPD : collecte limitée, durée définie, non consultable par les tiers.

L'accueil téléphonique

- Décrocher avant la troisième sonnerie.
- Annoncer l'entreprise, le service et son identité, puis proposer son aide.
- Mise en attente : demander l'accord, annoncer la durée, reprendre toutes les trente secondes.
- Transfert : annoncer le destinataire à l'appelant et l'appelant au destinataire.
- Message : date, heure, identité, société, coordonnées épelées, objet, urgence, suite attendue.

Les techniques de communication

- Écoute active : disponibilité, signes d'attention, absence d'interruption, questions de clarification.
- Reformulation : écho, résumé ou clarification, pour valider la compréhension.
- Question ouverte pour explorer, question fermée pour valider et conclure.

- Non verbal : posture, regard, distance — perçu avant le contenu.
- Paraverbal : débit, volume, intonation, articulation — essentiel au téléphone.

La gestion des situations difficiles

Rester calme, ralentir le débit, laisser s'exprimer sans interrompre, reformuler, isoler la personne des autres visiteurs, recentrer sur les faits et les solutions, escalader vers un responsable si la tension persiste.

Fiche 6 — Les principes et l'organisation comptables

Les principes fondamentaux

- Continuité de l'exploitation — Indépendance des exercices — Permanence des méthodes.
- Coût historique — Prudence — Non-compensation — Importance relative.
- Régularité, sincérité et image fidèle.

Les classes du plan comptable général

- Classe 1 — Capitaux : capital, réserves, résultat, provisions, emprunts.
- Classe 2 — Immobilisations incorporelles, corporelles, financières et amortissements.
- Classe 3 — Stocks et en-cours.
- Classe 4 — Tiers : 40 fournisseurs, 41 clients, 42 personnel, 43 organismes sociaux, 44 État, 47 comptes transitoires.
- Classe 5 — Financiers : 512 banque, 530 caisse, 58 virements internes.
- Classe 6 — Charges. Classe 7 — Produits. Classe 8 — Comptes spéciaux.

Les documents comptables obligatoires

- Journal : enregistrement chronologique, sans blanc ni altération (art. R. 123-173).
- Grand livre : reprise des écritures compte par compte.
- Balance : contrôle de l'égalité des débits et des crédits ; balance auxiliaire pour le détail des tiers.

- Comptes annuels : bilan, compte de résultat, annexe.

Le fichier des écritures comptables

Obligatoire pour toute comptabilité informatisée, remis sous quinze jours en cas de vérification (art. L. 47 A du LPF). Dix-huit champs normalisés. Le défaut ou la non-conformité expose à une amende de 5 000 € ou à une majoration de 10 % des droits.

Fiche 7 — Les écritures d'achat et de vente

Achat de marchandises

Débit 607 achats de marchandises (HT) — Débit 44566 TVA déductible sur ABS — Crédit 401 fournisseurs (TTC).

Achat d'immobilisation

Débit compte de classe 2 (HT) — Débit 44562 TVA déductible sur immobilisations — Crédit 404 fournisseurs d'immobilisations (TTC).

Vente de marchandises

Débit 411 clients (TTC) — Crédit 707 ventes de marchandises (HT) — Crédit 44571 TVA collectée.

Avoir client pour retour

Débit 707 (HT) — Débit 44571 TVA collectée — Crédit 411 clients (TTC).

Avoir pour réduction hors facture

- Reçu du fournisseur : Débit 401 — Crédit 609 RRR obtenus — Crédit 44566.
- Accordé au client : Débit 709 RRR accordés — Débit 44571 — Crédit 411.

Les réductions

- Rabais : défaut de qualité ou de conformité. Remise : quantité ou qualité du client. Ristourne : volume sur une période.

- Réductions commerciales sur facture : non comptabilisées séparément, seul le net commercial est enregistré.
- Escompte de règlement : réduction financière — 665 chez le vendeur, 765 chez l'acheteur.

L'ordre de calcul sur facture

Prix brut → réductions commerciales → net commercial → escompte → net financier → frais accessoires → base TVA → net à payer TTC.

Fiche 8 — La trésorerie et les règlements

Le rapprochement bancaire

- Objectif : justifier l'écart entre le solde du compte 512 et celui du relevé bancaire.
- Étapes : pointage, identification des suspens, état de rapprochement, écritures de régularisation.
- Suspens fréquents : chèques émis non présentés, remises non créditées, frais et agios non saisis, prélèvements omis.

Les moyens de paiement

- Virement SEPA — rapide, tracé, fondé sur l'IBAN ; version instantanée disponible en permanence.
- Prélèvement SEPA — mandat avec RUM et ICS ; caducité après 36 mois sans usage.
- Chèque — validité pratique d'un an et huit jours ; somme en lettres prévalant sur les chiffres.
- Effet de commerce — LCR, billet à ordre ; escomptable auprès de la banque.
- Espèces — plafond de 1 000 € entre professionnel et particulier résident.

Les délais de contestation d'un prélèvement

- Prélèvement autorisé : 8 semaines à compter du débit.
- Prélèvement non autorisé : 13 mois.

Le suivi du poste clients

- Lettrage : association facture-règlement, condition d'une balance âgée fiable.
- Balance âgée : ventilation des soldes par tranche d'antériorité.
- Délai moyen de règlement = (créances clients TTC / CA TTC) × nombre de jours.
- Relance graduée : rappel courtois, relance ferme, mise en demeure recommandée.
- Pénalités : minimum trois fois le taux légal ; indemnité forfaitaire de 40 € de plein droit.

Fiche 9 — La TVA : mécanisme et déclaration

Le mécanisme

TVA à décaisser = TVA collectée + TVA autoliquidée − TVA déductible sur immobilisations − TVA déductible sur autres biens et services − crédit antérieur. Un solde négatif constitue un crédit de TVA reportable ou remboursable.

Les taux en France métropolitaine

- 20 % — taux normal.
- 10 % — restauration, transport de voyageurs, certains travaux de rénovation.
- 5,5 % — produits alimentaires, livres, énergie, équipements pour personnes handicapées.
- 2,1 % — presse, médicaments remboursables.

L'exigibilité

- Livraison de biens : exigibilité à la livraison (fait générateur).
- Prestation de services : exigibilité à l'encaissement, sauf option pour les débits.
- Acquisition intracommunautaire et importation : autoliquidation sur la déclaration.

Les régimes d'imposition

- Franchise en base : pas de facturation ni de déduction ; mention « TVA non applicable, art. 293 B du CGI ».

- Régime simplifié : acomptes semestriels en juillet et décembre, déclaration annuelle CA12.
- Régime réel normal : déclaration CA3 mensuelle, ou trimestrielle si la taxe annuelle est inférieure à 4 000 €.

Les exclusions du droit à déduction

- Véhicules de tourisme et frais associés.
- Dépenses de logement des dirigeants et du personnel.
- Cadeaux dont la valeur unitaire dépasse 73 € TTC.
- Transports de personnes.
- Gazole et essence : déduction limitée à 80 % pour les véhicules de tourisme.

L'écriture de déclaration

Débit 44571 TVA collectée — Crédit 44562 et 44566 TVA déductible — Crédit 44551 TVA à décaisser (ou Débit 44567 crédit de TVA à reporter).

Les sanctions

- Dépôt tardif : majoration de 10 %, portée à 40 % après mise en demeure restée sans effet.
- Paiement tardif : majoration de 5 % et intérêts de retard de 0,20 % par mois.
- Défaut de télédéclaration ou de télépaiement : majoration spécifique de 0,2 %.

Fiche 10 — La paie : variables, paramètres et déclarations

Variables et paramètres

- Variables : heures et heures supplémentaires, absences, congés, arrêts, primes, avantages en nature, acomptes.
- Paramètres : convention collective, taux de cotisations, plafond de sécurité sociale, taux AT/MP notifié, effectif, versement mobilité.

Le bulletin de paie

- Mentions obligatoires : identité des parties, SIRET, code APE, convention collective, période, heures, détail des cotisations, montant net social, net à payer, prélèvement à la source.
- Mentions interdites : exercice du droit de grève et activité de représentation du personnel.
- Dématérialisation possible sauf opposition du salarié ; conservation 50 ans par l'employeur.

Du brut au net

Brut → cotisations salariales → net social et net imposable → prélèvement à la source, acomptes, titres-restaurant → net à payer. La CSG/CRDS est calculée après abattement de 1,75 % pour frais professionnels, dans la limite de quatre fois le plafond annuel.

Les heures supplémentaires

- Majoration de 25 % pour les huit premières heures, 50 % au-delà ; minimum conventionnel de 10 %.

- Contingent annuel de droit commun : 220 heures par salarié.
- Heures complémentaires (temps partiel) : majoration d'au moins 10 %, puis 25 %.

Les congés payés

- Acquisition : 2,5 jours ouvrables par mois de travail effectif, soit 30 jours ouvrables par an.
- Indemnité : montant le plus favorable entre maintien de salaire et règle du dixième.

La déclaration sociale nominative

- Mensuelle, dématérialisée, transmise via net-entreprises.fr.
- Échéance : le 5 du mois suivant (≥ 50 salariés avec décalage de paie) ou le 15.
- Signalements d'événement sous 5 jours ouvrés : arrêt de travail, reprise anticipée, fin de contrat.
- Compte rendu métier : anomalies et taux de prélèvement à la source à exploiter systématiquement.

Les écritures de paie

- Débit 641 rémunérations, Débit 645 charges sociales patronales.
- Crédit 421 personnel — rémunérations dues, Crédit 431 et 437 organismes sociaux, Crédit 4421 prélèvement à la source.

Fiche 11 — Les tableaux de bord

Définition et qualités

Ensemble restreint d'indicateurs pertinents, fiables, produits rapidement, lisibles, comparables et commentés. Un tableau de bord sans commentaire d'analyse ni action proposée n'est qu'un relevé de chiffres.

Les familles d'indicateurs

- Commerciaux : chiffre d'affaires par client et par produit, taux de marge, panier moyen, taux de transformation des devis, dépendance client.
- Trésorerie : solde disponible, position à 30 et 60 jours, encours et délais clients et fournisseurs, créances échues.
- Sociaux : effectif, masse salariale, absentéisme, turnover, heures supplémentaires, accidents du travail.
- Administratifs : volume de factures traitées, délai de traitement, taux de décroché, taux de résolution au premier contact.

Les calculs à connaître

- Taux d'absentéisme = jours d'absence / jours théoriquement travaillés × 100.
- Turnover = ((entrées + sorties) / 2) / effectif moyen × 100.
- Rotation des stocks = coût d'achat des marchandises vendues / stock moyen.
- Seuil de rentabilité = charges fixes / taux de marge sur coûts variables.

- Évolution en % = (valeur d'arrivée − valeur de départ) / valeur de départ × 100.

La structure du commentaire

Constat chiffré → explication de l'écart → action proposée avec responsable et échéance. Trois à cinq points hiérarchisés suffisent pour un tableau mensuel.

Fiche 12 — Le vocabulaire indispensable

- Assujetti — personne exerçant de manière indépendante une activité économique, dans le champ de la TVA.
- Autoliquidation — mécanisme par lequel le client déclare et déduit lui-même la TVA due.
- Balance âgée — état des soldes clients ou fournisseurs ventilés par ancienneté.
- Contrepassation — écriture inverse annulant une écriture validée erronée.
- Escompte de règlement — réduction financière pour paiement anticipé.
- Exigibilité — moment à partir duquel le Trésor peut réclamer la TVA.
- Fait générateur — événement faisant naître la créance fiscale.
- FEC — fichier des écritures comptables normalisé remis en cas de contrôle.
- Lettrage — association d'une facture et de son règlement dans un compte de tiers.
- Net social — montant de référence pour le calcul des prestations sociales, obligatoire sur le bulletin.
- Piste d'audit fiable — documentation reliant la commande, la livraison, la facture et le règlement.
- Provision — constatation d'un risque ou d'une charge probable, en application du principe de prudence.

- Rapprochement bancaire — justification de l'écart entre solde comptable et solde bancaire.
- Subrogation — perception par l'employeur des indemnités journalières en lieu et place du salarié.
- Suspens — opération enregistrée d'un seul côté lors d'un rapprochement.

Fiche 13 — Les erreurs les plus fréquentes à l'examen

- Confondre le compte 401 fournisseurs d'exploitation et le compte 404 fournisseurs d'immobilisations.
- Comptabiliser une réduction commerciale figurant sur la facture au lieu d'enregistrer le net commercial.
- Oublier la TVA sur un acompte de prestation de services encaissé.
- Utiliser le compte 411 pour un client devenu douteux au lieu du compte 416.
- Omettre la contrepassation lors de la correction d'une écriture validée.
- Laisser un compte 471 non soldé à la clôture.
- Négliger la proratisation du plafond de sécurité sociale pour un temps partiel.
- Appliquer un taux d'accident du travail périmé.
- Reprendre la formule d'appel d'une lettre sans l'identité exacte dans la formule de politesse.
- Oublier de désactiver « Lier au précédent » lors d'une dissociation d'en-tête.
- Tronquer l'axe des ordonnées d'un graphique, ce qui exagère les écarts.
- Rendre un document sans relecture orthographique, dans un métier fondé sur l'écrit.

Conclusion

Vous arrivez au terme de cet ouvrage composé de 500 questions-réponses conçues pour vous aider à réviser efficacement les connaissances et les compétences attendues pour l'obtention de votre titre professionnel.

Tout au long de votre préparation, vous avez pu vérifier vos acquis, identifier les notions à approfondir et vous familiariser avec les principales situations susceptibles d'être rencontrées lors de la formation, des évaluations ou dans l'exercice du métier. Cette méthode d'apprentissage par questions-réponses permet de réviser de manière active, progressive et structurée.

Pour consolider votre préparation, n'hésitez pas à reprendre les questions qui vous ont posé des difficultés, à compléter vos connaissances à l'aide de vos supports de formation et à vous entraîner régulièrement. L'objectif n'est pas seulement de mémoriser les réponses, mais de comprendre les notions abordées afin de pouvoir les mobiliser dans différentes situations professionnelles.

Gardez également à l'esprit que la réussite repose sur plusieurs éléments : une bonne maîtrise des compétences techniques, une posture professionnelle adaptée, une communication efficace, le respect des consignes et la capacité à analyser les situations rencontrées.

La régularité, la persévérance et la confiance en vos compétences seront vos meilleurs atouts pour réussir les épreuves et obtenir votre titre professionnel.

Nous vous souhaitons une excellente préparation et beaucoup de réussite dans votre parcours professionnel.